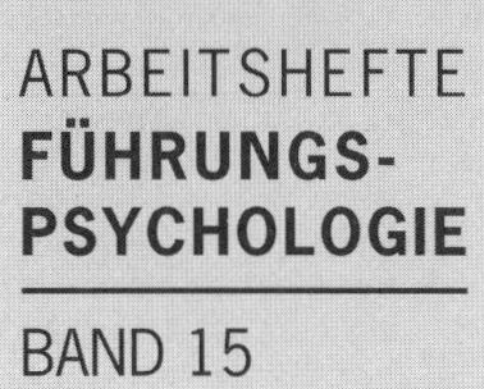

Herausgeber
Prof. Dr. Gerhard Raab
Nicolas Crisand

Prof. Dr. Karl Berkel

Konflikttraining

Konflikte verstehen, analysieren, bewältigen

15., überarbeitete und erweiterte Auflage 2024

ISBN 978-3-86451-098-4

FELDHAUS VERLAG GmbH & Co. KG
Postfach 73 02 40
22122 Hamburg
Telefon +49 40 679430-0
Fax +49 40 67943030
post@edition-windmuehle.de
www.edition-windmuehle.de

Satz und Gestaltung: FELDHAUS VERLAG, Hamburg
Herstellung: WERTDRUCK, Hamburg

Bibliografische Information der Deutschen Nationalbibliothek
Die Deutsche Nationalbibliothek verzeichnet diese Publikation in der Deutschen Nationalbibliographie; detaillierte bibliografische Daten sind im Internet über http://dnb.d-nb.de abrufbar.

Vorwort

Das Interesse an Konflikten ist ungebrochen, sie sind ja auch Teil unseres Lebens. Wie sehr, zeigen die Anfänge der Konfliktforschung. Der kalte Krieg hat ursprünglich den Anstoß für die sozialwissenschaftliche Konfliktforschung gegeben. Das Interesse war eindeutig politischer Natur: Wie kann Entspannung gelingen, um den Ausbruch eines dritten Weltkriegs zu verhindern? Das Thema Gewalt hat sich seitdem außenpolitisch wahrlich nicht erledigt, ist aber – zumindest in Europa – in den Binnenraum der Gesellschaft (Familie, Schule) gewandert und dort nicht weniger brisant.

In den beiden letzten Dekaden sind vermehrt Verfahren der Mediation sowie Prozesse des Verhandeins, besonders im interkulturellen Kontext, in den Mittelpunkt getreten. Es hat den Anschein, als ob die Verhandlungspsychologie das Erbe der klassischen Konfliktforschung antreten würde. Immerhin ist diese Thematik im globalisierten Kontext kultur- und branchenübergreifend außerordentlich anschlussfähig.

In die 9. Auflage sind einige neuere Entwicklungen eingeflossen. Der Text ist gestrafft und teilweise anders geordnet, die Beispiele sind adaptiert, der Vorrang der Konfliktbewältigung vor der Konflikttheorie ist noch stärker herausgestellt. Zwei gewichtige Veränderungen betreffen die differenziertere Typologie der Konfliktstile und die neu konzipierten Formen der Konfliktbewältigung. Dazu zählt insbesondere der Umgang mit Wertkonflikten, die nach Einschätzung des Verfassers immer bedeutsamer werden, allerdings als »Verfahrenskonflikte« verdeckt (und damit formalisiert) bleiben. Im Literaturverzeichnis sind jene Publikationen angegeben, die der Verfasser für lesenswert hält, auch wenn er daraus nicht zitiert hat.

Die 15. Auflage wurde durchgesehen und um einen gemeinsam mit Rechtsanwalt Prof. Dr. Georg Berkel erstellten Beitrag über Mediation erweitert.

Kranzberg, im Herbst 2024

Karl Berkel

Inhaltsverzeichnis

Verzeichnis der Übungen 7

1 Konflikte verstehen 9
1.1 Konflikt – meine Einstellung 9
1.2 Konflikt – von außen gesehen 11
1.3 Einteilung von Konflikten 15
1.3.1 Seelische Konflikte 15
1.3.2 Soziale Konflikte 18
1.3.3 Organisatorische Konflikte 21
1.4 Entstehung von Konflikten 24
1.4.1 Seelische Konflikte 24
1.4.2 Soziale Konflikte 31
1.4.3 Organisatorische Konflikte 40

2 Konflikte analysieren 43
2.1 Praktische Konfliktanalyse 43
2.1.1 Beobachter und Akteur: Die doppelte Perspektive 43
2.1.2 Prozess-Analyse 50
2.1.2.1 Die Streitpunkte 50
2.1.2.2 Die Parteien 52
2.1.2.3 Die Form 54
2.1.2.4 Der Verlauf 65
2.1.2.5 Ergebnis und Folgen 70

3 Konflikte bewältigen 73
3.1 Grundsätzliches zur Konfliktbewältigung 73
3.1.1 Die konfliktfähige Persönlichkeit 74
3.1.2 Ethische Bewertung der Konfliktbewältigung 76
3.1.3 Formen der Konfliktbewältigung 79
3.2 Seelische Konfliktbewältigung 80
3.2.1 Formen seelischer Konfliktbewältigung 81
3.2.2 Entscheidungskonflikt 81
3.2.3 Rollenkonflikt 86
3.3 Organisatorische Konfliktbewältigung 89
3.3.1 Thematisches Konfliktmanagement 90
3.3.1.1 Sachkonflikte lösen 91
3.3.1.2 Beziehungskonflikte regeln 93
3.3.1.3 Wertkonflikte bändigen 96
3.3.1.4 Die Hierachie der drei Konfliktformen 106

3.3.2 Strukturelles Konfliktmanagement 108
3.3.2.1 Konflikte verhindern (Prävention) 108
3.3.2.2 Konflikte stimulieren (Forcierung) 109
3.3.3 Formelles Konfliktmanagement 113
3.3.3.1 Moderation: Führende als Konfliktregler 113
3.3.3.2 Mediation: Professionelle Hilfestellung im Konflikt 117
3.4 Kooperative Konfliktbewältigung: Einigung durch die Beteiligten 125
3.4.1 Das kooperative Konfliktgespräch 126
3.4.2 Die kontroverse Verhandlung 154

4 Mit Konflikten leben 159
4.1 Konflikte transformieren 159
4.2 Konflikte ertragen 162

Anhang
Spiel 1: Gefangenen-Dilemma 165
Spiel 2: Kooperative Konfliktbewältigung 169

Literaturverzeichnis 171

Stichwortverzeichnis 175

Über den Autor 177

Verzeichnis der Übungen

Übung 1: Assoziation zum Wort »Konflikt« 9
Übung 2: Mein Konfliktverständnis 9
Übung 3: Durch Konflikte Positives bewirken 15
Übung 4: Seelische Konflikte im Beruf 17
Übung 5: Wechsel der Konfliktperspektive 29
Übung 6: Kooperation entwickeln 39
Übung 7: Diagnose meines Konflikts 49
Übung 8: Strukturbedingte Streitpunkte 52
Übung 9: Die Parteien im Konflikt 53
Übung 10: Rollentausch 57
Übung 11: Mein Konfliktstil 58
Übung 12: Meine Stilpräferenzen 64
Übung 13: Seelische Konflikte bewusst machen 80
Übung 14: Mein Verhalten in Entscheidungssituationen 85
Übung 15: Verdrängen oder wüten? 131
Übung 16: Kreativität im Konflikt 136
Übung 17: Meine Emotionen im Konflikt 137
Übung 18: Wie eröffne ich ein Konfliktgespräch? 146
Übung 19: Verschlossene und offene Kommunikation 148

1 Konflikte verstehen

1.1 Konflikt – meine Einstellung

Übung 1: Assoziation zum Wort »Konflikt«

An was denken Sie, wenn Sie das Wort »Konflikt« hören? Schreiben Sie auf, was Ihnen spontan einfällt.

____

____

____

____

____

____

____

____

____

____

Ziehen Sie nun einen Saldo: Überwiegen eher positive, negative oder neutrale Assoziationen? Welche Erfahrungen kommen darin zum Ausdruck? Übrigens, bei den meisten Menschen überwiegt die negative Bilanz.

Die eigene Einstellung zum Konflikt ist von zentraler Bedeutung. Sie kommt in den beiden fundamentalen Emotionen Angst und Ärger zum Ausdruck. Wozu neigen Sie eher?

Angst ______________________	**Ärger**
defensiv	aggressiv
reagieren	attackieren
flüchten	beschuldigen

Übung 2: Mein Konfliktverständnis

Denken Sie einmal darüber nach, wie Sie diese spezifische Konfliktreaktion entwickelt haben. Hilfreich wäre, die folgenden Fragen im Gespräch mit einem Partner zu erörtern.

- Was war die Streitkultur in meiner Familie? Wie sind meine Eltern (Vater, Mutter) mit Konflikten umgegangen?

- Welche Konflikterlebnisse als Kind sind mir besonders in Erinnerung? Wie denke ich heute darüber?
- Auf welche Menschen und Situationen reagiere ich besonders stark (Angst oder Ärger)? Lässt sich ein Muster erkennen: »Immer dann, wenn ...?«
- Wie passt die Streitkultur meiner Organisation(-seinheit) zu meinen Erfahrungen? Weshalb habe ich gerade diese Firma ausgewählt?
- Welche Haltung in Konflikten wünsche ich mir künftig? Woran könnte ich merken, dass ich im nächsten Konflikt diese Haltung praktiziere?

Meine Grundhaltung gegenüber Konflikten – Flucht oder Kampf – beeinflusst

- die Wahrnehmung: Nehme ich Signale übersensibel oder realistisch wahr?
- die Gefühle: Misstraue ich der Gegenseite oder vertraue ich ihr?
- die Motivation: Will ich kooperieren, konkurrieren oder suche ich nur meinen Vorteil?

  ↓
- das Verhalten: Was ist mein typischer Konfliktstil?

Wahrnehmung, Gefühle und Motivation bündeln sich im Verhalten, dem bevorzugten Konfliktstil. Daraus entwickelt sich die Konfliktbewältigung. Gelingt oder misslingt sie, wirkt das wiederum auf die Einstellung zurück: Ein sich selbst verstärkender Kreislauf entsteht.

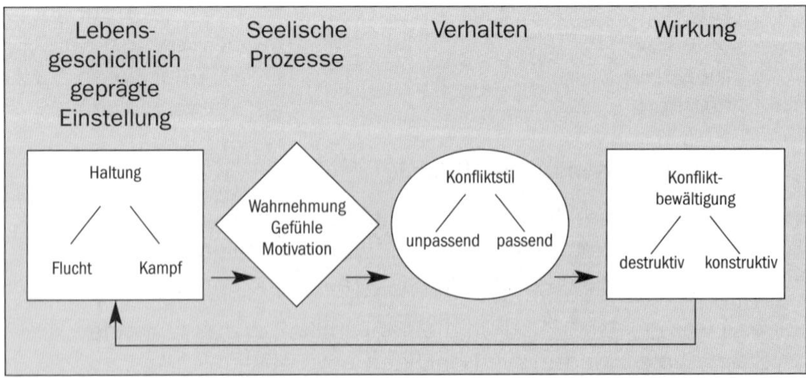

Abb. 1: Der Konfliktkreis

Der Konfliktkreis liefert die Basis für eine Diagnose, die von innen, durch die Introspektion der Parteien, wie von außen, durch die Beobachtung anderer, erfolgen kann.

- Außenstehende (Dritte Parteien, Berater) können einen Konflikt, weil unbeteiligt, meist sachlicher analysieren. Sie sind mehr am Prozess als am Ergebnis interessiert. Ein Therapeut überlässt dem Paar die Entscheidung, die Ehe weiterzuführen oder sich scheiden zu lassen. Der Vorgesetzte traut seinen Mitarbeitern zu, nach einer Auseinandersetzung selber eine Form zu finden, wie sie sich wieder arrangieren.
- Parteien sind durch den Konflikt unmittelbar betroffen. Ihnen ist das Ergebnis keineswegs gleichgültig, sie streiten ja, um ein für sie günstiges Resultat herauszuholen.

Da wir uns in der Innenschau leicht täuschen können, fordert ein umfassendes Konfliktverständnis beide Perspektiven: Die Reflektion des Erlebens muss durch die Rückmeldung der Beobachter ergänzt werden.

Die vorliegende Publikation liefert theoretische Begründungen und praktische Hilfen, um beide Perspektiven, des Beobachters und des Beteiligten, zu verstehen und einzuüben. Konflikte bei anderen diagnostizieren zu können, hilft im eigenen Fall kaum weiter; sich auf das eigene Konflikterleben zu konzentrieren, erweitert nicht unsere Kenntnisse und Fertigkeiten.

Die eingangs intuitiv vorgenommene Selbsteinschätzung soll deshalb durch die Betrachtung von außen ergänzt werden.

1.2 Konflikt – von außen gesehen

Definition: Ein Konflikt liegt dann vor, wenn zwei Elemente gleichzeitig gegensätzlich oder unvereinbar sind.

Der neutrale Ausdruck Elemente soll anzeigen, dass die verschiedensten Inhalte in Widerstreit geraten können:

- Gedanken: Ich schaffe das schon. – Ich schaffe es doch nicht.
- Wünsche: Ich will Karriere machen. – Ich will aber nicht umziehen.
- Verhalten: Ich fahre gern Auto. – Ich trinke gern Alkohol.

- Absichten: Der Mitarbeiter sucht die Nähe zum Chef. – Gleichzeitig weiß er, den Chef interessiert nur die Leistung.
- Beurteilungen: Um den Klimawandel zu stoppen, muss Energie gespart werden – Nicht sparen, sondern neue Energieformen finden, ist zielführender.
- Bewertungen: Ein Mitarbeiter hält seinen Vorschlag für durchdacht und realisierbar. – Der Vorgesetzte lehnt ihn als nicht finanzierbar ab.
- Personen: Zwei Mitarbeiter empfinden starke Abneigung gegeneinander, sie weigern sich, in der gleichen Gruppe zusammenzuarbeiten.
- Gruppen: Arbeitgeber – Arbeitnehmer, Vorstand – Betriebsrat, Verkaufsabteilung – Produktion.

Den Konflikt machen nicht die Inhalte aus, die können fast beliebig sein, sondern die formale Zuordnung, dass sie nicht gleichzeitig verwirklicht werden können, in Gegensatz zueinander stehen oder in sich unvereinbar sind. Diese Zuordnung stellen nicht die Elemente her, sondern der Mensch. Um handeln zu können, muss er aus der Vielzahl von Anreizen und Angeboten auswählen, werten, vorziehen und hintanstellen, kurz: entscheiden. Der Druck kann von außen (Forderung) oder von innen (Selbstbild) zusätzlich verstärkt werden. In beiden Fällen entstammt er dem Bedürfnis nach klarer Orientierung und zielbezogener Handlungsfähigkeit.

Der Mensch braucht beides:

- Orientierung: Eine innere Ordnung, ein Wertgefüge, das ihm erlaubt, Widerfahrnisse und Entscheidungen einzuordnen. – Schicksalsträchtige Ereignisse (schwere Krankheit, Arbeitslosigkeit, Verlust eines geliebten Menschen) stellen diese Ordnung in Frage, destabilisieren die gewohnte Sicherheit, verlangen nach einer neuen Sinngabe.
- Handlungsfähigkeit, um die täglichen Aufgaben, die das Leben stellt, fortgesetzt zu erfüllen. – Konflikte unterbrechen die Kontinuität des täglichen ziel- und aufgabenbezogenen Handelns.

Daraus folgen charakteristische Merkmale von Konflikten:

- Konflikte signalisieren Störungen: Sie unterbrechen, wenn auch nur vorübergehend, den Handlungsablauf und zwingen uns, zuerst die Orientierung wiederzugewinnen.

- Konflikte sind affektgeladen: Wir fühlen uns angespannt, stehen unter Druck, sind wütend und gereizt, voller Angst und Unsicherheit.
- Konflikte entwickeln sich dynamisch, haben die Tendenz zu eskalieren: Sie weiten sich auf mehr Menschen und Themen aus, nehmen an Intensität zu.
- Konflikte drängen auf eine Lösung: Man kann die Spannung nicht ignorieren, sie muss irgendwie »aufgelöst« werden. Erst dann können wir uns wieder dem Alltag zuwenden.

Die Eigenart von Konflikten hat Folgen für die Konfliktbewältigung.

- Wer in einen Konflikt gerät, wird emotional aufgeladen, erregt und angespannt. Wer absichtlich den Konflikt mit anderen (Partner, Vorgesetzten, Kollegen, Nachbarn) sucht, sollte nicht nur wissen, wie er vorzugehen hat, sondern auch, wie er seine Erregung – Angst oder Ärger – so weit kontrollieren kann, dass er den Konflikt im Griff hat.
- Wer gezielt Konflikte provoziert, um z. B. organisatorische Veränderungen voranzutreiben, soll sich bewusst sein, dass er damit eine Menge Emotionen freisetzt. Für sie gilt das oben Gesagte: Der Erfolg hängt nicht nur von der Strategie ab, sondern von der Fähigkeit der Beteiligten, Konflikte emotional zu bewältigen. Wo das Management dies gering schätzt, wird es mit Widerstand konfrontiert. Dies gilt auch für strukturelle (Matrixorganisation) oder politische (Streitkultur) Konzepte, die einen permanenten Konfliktaustrag als effizient oder emanzipatorisch proklamieren.
- Generelle Voraussetzung für erfolgreiche Konfliktbewältigung ist die Fähigkeit, Belastungen standhalten zu können. Eine höhere Belastbarkeit absorbiert problemlos die alltäglichen Widrigkeiten und bietet genug Rezeptionsraum, größere Konflikte alternativ und energisch anzugehen (vgl. Ekkehard Crisand & Ute Lyon, Anti-Stress-Training, in dieser Reihe).
- Das emotionale Erleben belastet die Parteien – jetzt, doch mittel- und langfristig sind sie meist dankbar, einen Konflikt gewagt und durchgestanden zu haben. Die positiven Funktionen von Konflikten sind beträchtlich, man muss sie sich häufig ins Gedächtnis rufen (Morton Deutsch, 1976, S. 17).

- Konflikte machen erst Freiheit möglich. Je mehr Widersprüche im Konflikt aufeinanderprallen, desto größer die Chance, dass sie sich gegenseitig schwächen – und damit der Person die Möglichkeit eröffnen, von ihnen frei zu werden. »Jedes Determinationsplus birgt Freiheit.« (Odo Marquard, 2007, S. 121).

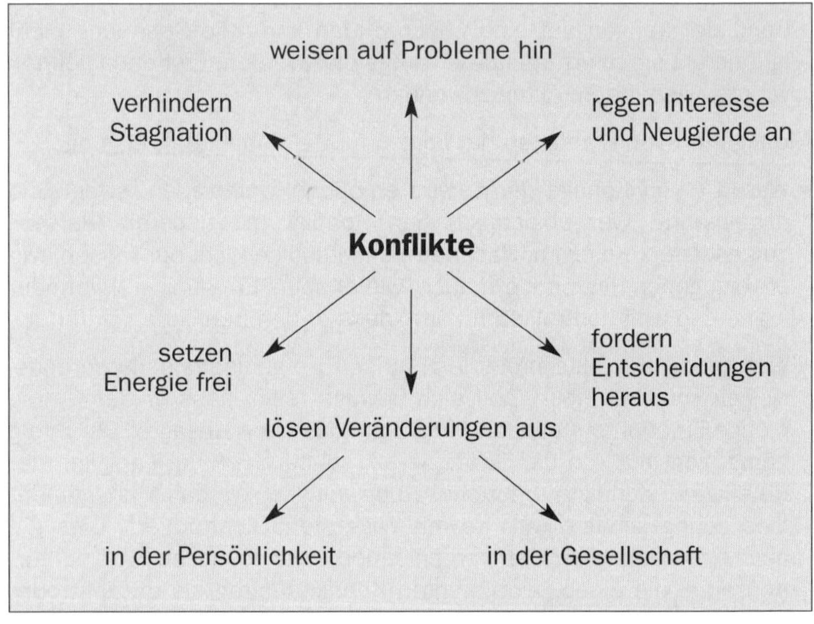

Abb. 2: Positive Funktionen von Konflikten (nach Morton Deutsch)

Spontanes Erleben und bewusste Strategie klaffen bei Konflikten auseinander. Die Parteien erleben den Konflikt in aller emotionalen Dichte und sind deshalb bestrebt, möglichst rasch aus dieser misslichen Lage herauszukommen. Beobachter überblicken einen größeren Zeitraum und vermögen besser einzuschätzen, welche erwünschten Effekte der Schmelzofen Konflikt hervorbringt. Aus noch größerer Perspektive zeigen historische Analysen tatsächlich die transformierende Kraft sozialer und politischer Konflikte. Die europäische Einigung ist ohne permanente Konflikte gar nicht denkbar. Öffentliche Auseinandersetzungen, so heftig sie zeitweise geführt werden, wirken keineswegs dysfunktional, sondern integrativ, wie die Analyse internationaler Medienberichte über heiß umkämpfte politische Themen zeigt (Barbara Berkel, 2006).

Übung 3: Durch Konflikte Positives bewirken

Erinnern Sie sich bitte an Konflikte in der Familie oder Arbeit, durch die Sie Positives bewirkt haben: Änderungen, Entwicklungen, Klärungen bei sich und anderen.

- Um was ist es (Ihnen) gegangen?
- Wie haben Sie die Situation damals erlebt? Wie haben Sie agiert und reagiert?
- Wie erklären Sie sich heute die positiven Wirkungen?
- Wie hat diese Erfahrung Ihr Verständnis von Konflikten verändert?

1.3 Einteilung von Konflikten

Eine grundlegende Einteilung unterscheidet Konflikte danach, ob sie in der Person oder zwischen Personen auftreten. Seelische und soziale Konflikte stehen in engem Zusammenhang, der am Ende dieses Kapitels näher dargelegt wird.

1.3.1 Seelische Konflikte

Die bekannteste Einteilung stammt von dem Psychologen Kurt Lewin. Er unterscheidet Konflikte danach, welche Kräftekonstellation auf eine Person einwirkt. So kommt er zu drei Konflikttypen.

Die Person steht zwischen zwei Zielen, die sie für gleich wertvoll hält, aber nicht gleichzeitig anstreben/erreichen kann.

+ ← P → +

Abb. 3: Annäherungs-Annäherungs-Konflikt

Beispiele: Ein Schulabgänger muss zwischen zwei Berufen entscheiden, die beide seinen Interessen und Neigungen entsprechen. – Ein Mitarbeiter kurz vor dem Karrieresprung erhält durch einen Headhunter ein attraktives Angebot von der Konkurrenz.

Im Annäherungs-Annäherungs-Konflikt muss die Person zwischen positiven Möglichkeiten entscheiden. Die Person kann den Konflikt lösen, indem sie auf eine Möglichkeit verzichtet. Wenn sie vom Verzicht Nachteile befürchtet, dann verwandelt sich dieser an sich harmlose Konflikt in einen (schwieriger zu bewältigenden) Annäherungs-Vermeidungs-Konflikt (s. u.).

Beispiel: Ein Beamter schätzt den sicheren Arbeitsplatz, hätte aber gern das Gehalt eines Studienkollegen in der Wirtschaft. Bei einem Jahrgangstreffen wird ihm die negative Seite seiner Entscheidung für den öffentlichen Dienst schmerzlich bewusst.

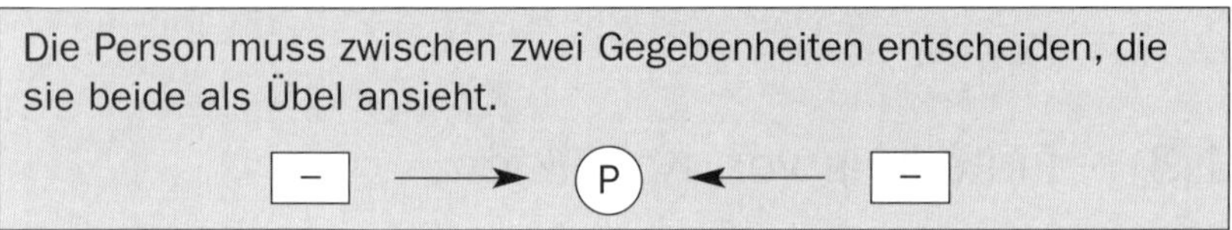

Abb. 4: Vermeidungs-Vermeidungs-Konflikt

Beispiele: Bei einem Rentner wird ein Tumor diagnostiziert. Er muss zwischen einer Chemotherapie oder »der Natur ihren Lauf lassen« wählen – beides mit ungewissem Ausgang. – Ein Mitarbeiter gerät mit einer wichtigen Terminarbeit in Verzug. Sein Chef steht vor der Wahl, ihn hart anzugehen (was er scheut) oder die Arbeit am Wochenende selber zu Ende zu bringen.

Vermeidungs-Vermeidungs-Konflikte kennzeichnen auch die Pflichtenkollision. Unausweichliche Konstellationen erleben wir als Dilemma, existenzielle erheben sich zur Tragik: Der Mensch kann, was immer er tut, dem Übel nicht ausweichen.

Beispiel: Ein sozial gesinnter Unternehmer hat nur die Wahl, einen Teil seines Personals zu entlassen oder Konkurs anzumelden.

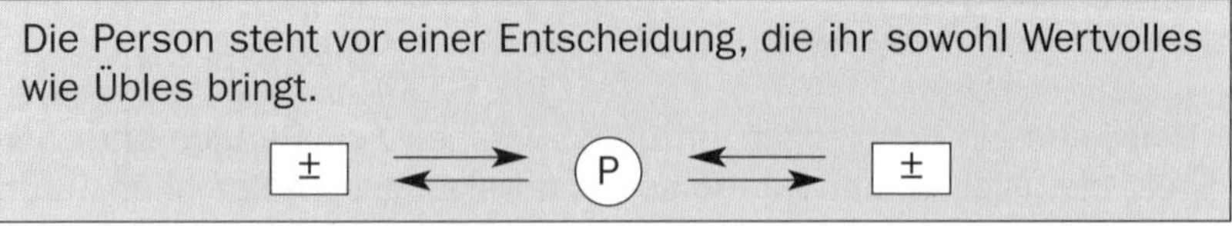

Abb. 5: Annäherungs-Vermeidungs-Konflikt

Beispiel: Einem Mitarbeiter wird angeboten, ein zusätzliches Aufgabengebiet zu übernehmen. Verlockend findet er das höhere Gehalt, die Möglichkeit eigenen Entscheidens, einen größeren Handlungsspielraum und noch dazu die Chance, nach kurzer Zeit aufzusteigen. Misslich ist aber die Verpflichtung, mehrere Trainings mit Erfolg zu absolvieren, häufig (auch an Wochenenden) unterwegs zu sein und der eigene Zweifel, ob er all diesen Anforderungen und damit verbundenen Belastungen (für sich und die Familie) gerecht werden kann.

Annäherungs-Vermeidungs-Konflikte treten meist in doppelter Form auf: Eine Person muss zwischen Alternativen entscheiden, die jede sowohl Vor- wie Nachteile enthält.

Beispiel: Ein Ehepaar steht vor der Wahl, sich scheiden zu lassen oder die Ehe fortzuführen. Jede Entscheidung birgt Vor- und Nachteile, bringt sowohl Chancen, die verlocken oder entlasten, als auch Probleme, die beschweren und belasten.

Der Annäherungs-Vermeidungs-Konflikt offenbart den für Konflikte typischen Grundzug: die Ambivalenz. Positive und negative Gefühle ergreifen den Menschen gleichzeitig. Liebe und Hass, Zuneigung und Abneigung, Sympathie und Antipathie, Wille und Widerwille – Ambivalenz kennzeichnet den zwiespältigen Charakter jedes Konflikts.

Für die Konfliktbewältigung folgt daraus eine wichtige Einsicht: Wir können einen Konflikt nur beenden, etwa durch eine Entscheidung, wenn wir auch die negativen Folgen einkalkulieren und »verdauen«. Zu keiner Entscheidung gelangt bzw. im Konflikt quält sich ab, wer (vergeblich) hofft, die unbefriedigenden Begleiterscheinungen mögen ihm erspart bleiben. Konfliktkompetenz fordert daher die Fähigkeit, Ambivalenzen bewusst zu erleben und innerlich zu verarbeiten. Jede Konfliktbewältigung fordert ihren Preis.

Übung 4: Seelische Konflikte im Beruf

1. Skizzieren Sie aus Ihrem beruflichen Alltag fünf typische Situationen, die Sie mit Erwartungen und Anforderungen konfrontieren, welche Sie nicht (oder nicht so) erfüllen wollen (z. B. Überstunden, Berichtswesen, Zuständigkeiten).

2. Arbeiten Sie für jede Situation die Ambivalenzen heraus (+/– Spalte) und gewichten Sie sie (priorisieren).
3. Betrachten Sie Ihr bisheriges Verhalten als angemessen? Wenn nicht, was werden Sie ändern?
4. Was sagt Ihr Umgang mit diesen beruflichen Ambivalenzen über Sie und Ihre Konfliktfahigkeit aus? Welche Folgerungen ziehen Sie?

1.3.2 Soziale Konflikte

Mit der Anzahl der Beteiligten ändern sich Eigenart und Dynamik von Konflikten. Gerhard Schwarz (2005) gründet darauf eine Typologie sozialer Konflikte.

Zweier- oder Paarkonflikte

Dazu zählen nicht nur Ehekonflikte, sondern alle Konflikte zwischen zwei Personen (Vorgesetzter – Mitarbeiter, Kollegen, Verhandlungspartner usw.). Paare haben gemeinsame Probleme zu meistern, die auch Anlass und Ursache spezifischer Konflikte sind:

- Identität vs. Symbiose (Verschmelzung): Kann und darf ein Partner selber entscheiden und was, ohne die Beziehung zu gefährden, oder sollten beide nur gemeinsam entscheiden? Eine fruchtbare Partnerschaft, ob beruflich oder privat, ergänzt Selbstbewusstsein und persönliche Identität mit wechselseitig definierter Abhängigkeit.
- Nähe vs. Distanz: Der Abstand, den der eine zum anderen braucht, kann sich im Laufe der Zeit ändern. Geht eine Seite aber zunehmend auf Abstand oder rückt umgekehrt dem anderen zu nahe, erhöht das die Spannung: Die andere Seite fühlt sich im Stich gelassen oder eingeengt. Ein typisches Beispiel ist der Aufstieg eines Kollegen zum Vorgesetzten: Er geht auf Distanz zu seinen bisherigen Kollegen, um die Autorität seiner neuen Rolle nicht zu gefährden, diese erwarten dagegen, er möge wie bisher der »Kumpel« bleiben.
- Entwicklungsrichtung vs. -tempo: Menschen haben ihre persönliche Entwicklungsdynamik. Der eine ist ständig auf der Suche, lechzt nach Chancen, lernt schnell, ist an allem Neuen interessiert. Den anderen stellt das Erreichte zufrieden, es genügt ihm, sich in dem Gewohnten gut einzurichten, wiederkehrende und gleichförmige Abläufe findet er

entlastend. Der Rhythmus beider »passt« nicht (mehr) zusammen. So unterlassen manche ältere Paare, nach dem Auszug der Kinder ihrer Ehe durch neue Impulse eine altersbedingte Form zu geben. Oder Führungskräfte kommen begeistert aus einem Seminar, wollen mit viel Schwung neue Ideen umsetzen und müssen enttäuscht erkennen, dass ihre wichtigsten Mitarbeiter nicht mitziehen.

- Kommunikation als Konflikt: Das derzeit gängige, pragmatische 4-Seiten-Modell hebt anschaulich die spannungsgeladene Polarität menschlicher Kommunikation hervor (Friedemann Schulz v. Thun, 1992).

Abb. 6: Das 4-Seiten-Modell menschlicher Kommunikation

Jede Seite kann in sich und/oder zu anderen Konflikte erzeugen.

Beispiel: Konflikte durch jede Seite
- Sache: Ein Auftrag ist unvollständig oder macht nicht klar, wie wichtig er für den Chef ist. Er wird schlampig ausgeführt oder unterbleibt. Die harsche Kritik des Chefs empört den Mitarbeiter, er findet sie ungerecht.
- Beziehung: Der Vorgesetzte macht in einem Meeting einen Mitarbeiter fertig.
- Selbstoffenbarung: Die Selbstdarstellung eines Kollegen geht anderen auf den Wecker. Sie machen sich hintenherum über ihn lustig.
- Appell: Der Chef lenkt das Gespräch so geschickt, dass ein Mitarbeiter gar keine andere Möglichkeit sieht als einzuwilligen, obwohl er nicht will. Der Mitarbeiter ist sauer.

Beispiel: Konflikte durch Verschiebung

- Sache – Beziehung: Ein Kollege widerlegt schlüssig den Vorschlag eines anderen. Dieser ärgert sich und wirft dem Kollegen Profilierungssucht vor.
- Beziehung – Sache: Der Vorgesetzte mag einen Mitarbeiter nicht. Dessen Ideen lehnt er als nicht durchdacht ab. Dem Mitarbeiter gelingt es nicht, den Chef zu überzeugen.
- Selbstoffenbarung – Appell: Der Chef fürchtet die Risiken einer Entscheidung. Den Mitarbeitern wirft er vor, die Entscheidung nicht professionell aufbereitet zu haben.
- Appell – Selbstoffenbarung: Der Chef findet keinen Termin für das Mitarbeitergespräch. Der Mitarbeiter versteht: Wir haben Wichtigeres zu tun.

Dreier- oder Dreieckskonflikte

Mit einem Dritten wird das Paar zur Gruppe. Neue Phänomene entstehen, die in der Paarbeziehung nicht möglich sind. Prompt geben sie Anlass für neuartige Konfliktkonstellationen.

- Koalition: Zwei verbünden sich gegen den Dritten. Die Folge: Eifersucht.
- Rivalität: »Divide et impera«. Ein Vorgesetzter spielt zwei Kollegen gegeneinander aus. Beide konkurrieren nun gegeneinander, um die Gunst des Chefs zu gewinnen.
- Relation: Bei einem Paar bestimmt die Persönlichkeit die Beziehung. Im Dreierverhältnis ist es umgekehrt. Der Vater hat zu Ehefrau und Tochter eine jeweils eigene Beziehung, die nicht (allein) durch seine Persönlichkeit bedingt ist. Zum Konflikt kommt es, wenn die Funktion der Rolle nicht beachtet wird.

Gruppenkonflikte

Die »Urhorde« (Konrad Lorenz) ist die Wiege menschlicher Gemeinschaft. Ihre Bedeutung lebt bis heute im Elferrat, den 11 Spielern einer Fußballmannschaft, der optimalen Leitungsspanne oder Teamgröße (5 bis 9) fort. Gruppen bringen wiederum neue Konfliktkonstellationen hervor.

- Revier: Jede Gruppe beansprucht ein Feld, das die Mitglieder als ihr Zuhause betrachten und gegen Eindringlinge verteidigen. Das Feld muss nicht räumlicher Natur sein, es kann auch Zuständigkeiten und Kompetenzen betreffen. Reviergrenzen zu überschreiten oder zu ignorieren, löst umgehend verbissene Kämpfe aus.

- Rangordnung: Jede Gruppe bildet spontan eine Rangordnung aus. Bekannt ist die Einteilung von Rangpositionen in Alpha (Führer), Beta (Experte), Gamma (Gefolgsmann) und Omega (Außenseiter). Solange diese Rangordnung nicht festliegt, ist die Gruppe nicht arbeitsfähig. Jede neue Gruppenformation (Projekt, Umorganisation) löst unweigerlich Rangordnungskämpfe aus. Eine Gruppe ist nicht erfolgreich wegen des formalen Organigramms, sondern weil die interne Rangordnung den Anforderungen funktional am besten entspricht. Ist sie unpassend oder nicht akzeptiert, führen Reibereien zu stetig wachsenden Verlusten. Wiederkehrende Konflikte sind häufig ein Indiz für eine nicht akzeptierte Rangordnung.

- Führung: Jede Gruppe muss zwei fundamentale Anforderungen erfüllen: Sie muss ihre Ziele erreichen und ein Minimum an Zusammenhalt garantieren. Als Führer anerkannt ist die Person, die beiden Anforderungen als Führungsaufgaben am besten gerecht wird (Lokomotion und Kohäsion). Viele Gruppen lösen das Problem durch ein Führungsdual. Nicht jeder Führer wird beiden Anforderungen gleich gut gerecht, also operieren viele Gruppen mit einem Führungsdual (Häuptling – Medizinmann, Kaiser – Papst, Kanzler – Präsident). Solange beide kooperieren, gibt es kein Problem. Wenn nicht, kommt es zum Führungsduell, das die ganze Gruppe spaltet.

1.3.3 Organisatorische Konflikte

Jede Organisation verbindet drei Wirklichkeitsbereiche oder Subsysteme miteinander:

- Die Sache umfasst die gesamte (Dienst-)Leistung, konkretisiert in Aufgaben und Zielen.
- Die Menschen handeln in strukturierter Beziehung, erleben Klima und Entwicklung.
- Die Organisation existiert für einen bestimmten Zweck, verkörpert in Auftrag und Kultur.

Die Konflikte entspringen diesen Subsystemen, folgen ihrer »Logik« und legen eine jeweils andere Handhabe nahe (siehe Kap. 3.3.1: Thematisches Konfliktmanagement).

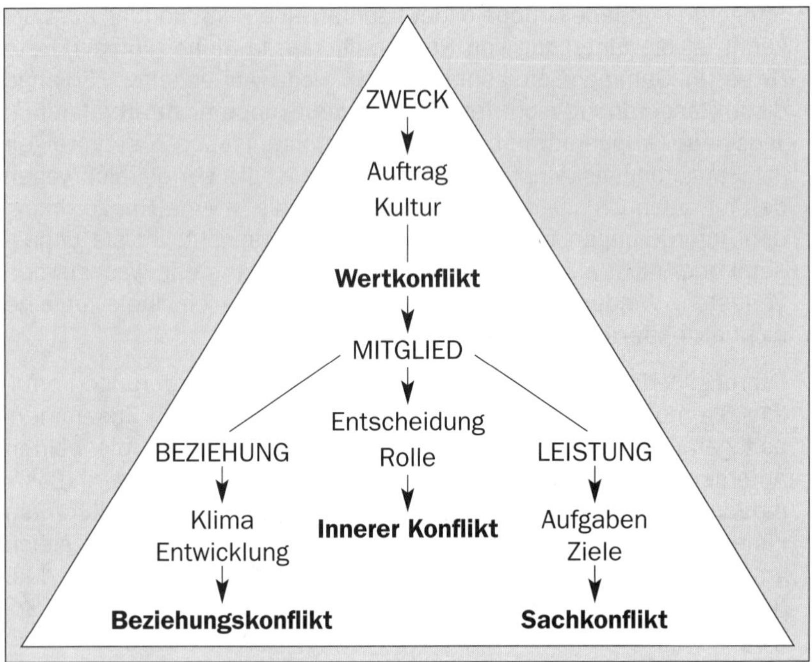

Abb. 7: Konfliktarten in einer Organisation

Sachkonflikte

Sie treten auf, wenn Parteien ein gemeinsames Ziel haben, aber über den Weg (Mittel, Ressourcen, Methode) uneins sind. Sachkonflikte sind prinzipiell lösbar mit den klassischen Methoden der Problemlösung.

> **Beispiele:** In einer Bankfiliale sind sich Filialleiter und Kundenbetreuer einig, ein bestimmtes Produkt vorrangig zu vermarkten, uneinig sind sie darüber, welche Zielgruppe wie zuerst angegangen werden soll. – In einer Arbeitsgruppe wollen alle die Qualität verbessern, doch umstritten ist, wo zuerst begonnen werden soll.

Beziehungskonflikte

Sie entstehen, wenn eine Person andere verletzt, demütigt, missachtet. Die nehmen es prompt »persönlich« – wie denn sonst? Sie merken die Absicht und sind verstimmt. Beziehungskonflikte sind nur durch verantwortliches Handeln beider Seiten heilbar.

Beispiele: Ein Vorgesetzter nimmt den Fehler eines Mitarbeiters zum Anlass, ihn vor der gesamten Mannschaft zu belehren. – Ein Vorgesetzter reißt einen Mitarbeiter aus einer wichtigen Arbeit und bestellt ihn zu sich, doch dann lässt er ihn eine Dreiviertelstunde im Vorzimmer warten.

Wertkonflikte

Sie treten zwischen unvereinbaren Prinzipien und Grundsätzen auf. Werte stehen in dynamischem Bezug zueinander: Je entschiedener ein Wert (z. B. Freiheit) vertreten wird, desto größere Geltung beansprucht er – auf Kosten des Komplementärwerts (Bindung). Freiheit schlägt in Beliebigkeit, ja Anarchie um. Im umgekehrten Fall wüchse Bindung zu Kollektivismus und Konformität aus. – Die gesamte Organisationsforschung durchzieht ein Wertdilemma zwischen Leistung (Organisation) und Zufriedenheit (Individuum). Auch hier gilt: Je exklusiver das Management auf Leistung setzt, desto stärker treten Wohlbefinden, Gesundheit und Zufriedenheit der Individuen in den Hintergrund. Dasselbe passiert in der Absolutsetzung des Shareholder-Value: Je höher die Rendite ist, desto schneller folgen Entlassungen. Wertkonflikte müssen transparent gemacht, ihre dialektische Dynamik geklärt und in eine ständig neu zu justierende Balance gebracht werden.

Beispiele: Im Vorstand ist ein Streit über den erfolgsabhängigen Anteil der Führungsgehälter entbrannt. Die Mitglieder müssen abwägen, wie viel Teamgeist sie zugunsten von Einzelkämpfern opfern wollen. – Im Verkaufsressort eines international tätigen Konzerns kommt es zur heftigen Auseinandersetzung, ob es vertretbar sei, russische Politiker zu schmieren, um Aufträge und damit Arbeitsplätze zu erhalten.

Innere Konflikte

Sie treten in den Mitgliedern als Entscheidungs- oder Rollenkonflikt auf. Entscheidungskonflikte entwickeln die Dynamik innerer Konflikte, Rollenkonflikte von Systemzugehörigkeiten (siehe Kap. 3.2.2 und 3.2.3).

Beispiele: Entscheidungskonflikt: Ein Abteilungsleiter sieht den langfristigen Schaden voraus, den die Entscheidung seines Ressortchefs bringen wird. Den Vorstand umzustimmen, hält er für aussichtslos und überdies gefährlich, weil dieser von der Entscheidung begeistert ist. Nichts zu unternehmen, widerspricht seinem Ehrgefühl.

Rollenkonflikt: Ein Mitarbeiter arbeitet unter Doppelunterstellung (Matrixorganisation). Der eine Vorgesetzte verlangt, dein Kunden Produktrisiken zu verschweigen, der andere stellt es ihm anheim, den Kunden zu informieren; bei Offenlegung riskiert er, den Auftrag zu verlieren.

1.4 Entstehung von Konflikten

1.4.1 Seelische Konflikte

Wichtige psychologische Theorien erklären die Entstehung von Konflikten unterschiedlich.

Tiefenpsychologische Theorien nehmen an, dass menschliche Konflikte aus der Spannung zwischen biologischer Triebnatur (Es) und kulturell geformter Sozialnatur (Überich) hervorgehen. Dem Ich fällt die Aufgabe zu, beide Pole des menschlichen Wesens zusammenzuhalten und zu integrieren. Alle Kulturleistungen beruhen darauf, dass Menschen lernen, Triebimpulse in Zucht zu nehmen. Erziehung soll befähigen, die beiden großen Triebe, Libido (die sexuell getönte Lebenskraft) und Destrudo (Aggression) zu disziplinieren. Nur so wird Leben in Gemeinschaft möglich und entsteht Raum für schöpferische Leistungen, die durch kontrollierte und zielgelenkte Energie der Triebe (Sublimierung) zustande kommt. Die Triebe lassen sich aber niemals vollständig zügeln. Jede Gemeinschaft und jede Generation muss stets aufs Neue diesen Kampf mit der Triebnatur austragen. Ständig bleibt die Gefahr latent vorhanden, dass elementare Triebimpulse durchbrechen und die bisher erreichte persönliche oder gesellschaftliche Entwicklung gefährden. Nur wer sich diesen fundamentalen Konflikt bewusst macht und lernt, seine Triebimpulse zu lenken und zu kanalisieren, ohne Illusion, sie vollständig in den Griff zu bekommen, reift zur Persönlichkeit. Die Erkenntnis des Hl. Augustinus: »Nescio se homo nisi in tentatione discat se«, gilt auch für Konflikte: Im Konflikt erweist sich, wer ich bin.

Entscheidungstheorien heben auf die inneren Unstimmigkeiten ab, die menschliches Erkennen notwendig begleiten. Täglich nehmen wir eine Vielzahl von Informationen auf, die entweder widersprüchlich oder mit unseren Einstellungen unvereinbar sind. Solange wir nicht zum Handeln gezwungen sind, können wir diese Widersprüche auf sich beruhen lassen. So mag es einen parteipolitisch ungebundenen Bürger gleichgültig lassen, wie Parteien ein und denselben Vorgang kommentieren.

Anders dagegen, wenn er Mitglied einer Partei ist und den Ausbau des Flughafens vertreten soll, den er persönlich ablehnt. Parteipolitik und Eigenvorstellung erzeugen eine Dissonanz, die die Person irgendwie für sich auflösen muss. Übliche Maßnahmen sind, Informationen selektiv aufzunehmen, in spezifischer Weise zu gewichten, in neue Zusammenhänge einzuordnen usw. Ob und inwiefern die Person neue Informationen einbezieht, hängt von dem Unbehagen ab, das sie erzeugen. Denn neue, gar widersprüchliche Informationen machen neugierig, verunsichern aber auch, da sie bisherige Standpunkte und das darauf ruhende Selbstverständnis in Frage stellen. In solch bedrohlichen Situationen sinkt die Bereitschaft, sich mit neuen Informationen unvoreingenommen und kritisch-abwägend auseinanderzusetzen. Jeder Entscheidung geht deshalb ein Konflikt voraus, der durch die Art der Information und die Form der Informationsverarbeitung der Person gekennzeichnet ist.

Verhaltenstheorien sehen in der Reizflut, die täglich über uns hereinbricht, die eigentliche Konfliktursache. Was soll die Person am Wochenende tun, um das Wetter, notwendige Einkäufe, unerledigte Arbeiten, quengelnde Kinder, einen unzufriedenen Ehepartner und das eigene Bedürfnis nach Ruhe unter einen Hut zu bringen? Die einstürmenden Reize lösen widersprüchliche Reaktionen aus. Zu diesen äußeren Reizen treten noch innere: Stimmungen, Erwartungen, plötzlich bewusste Bedürfnisse usf. All diese inneren und äußeren Stimuli mobilisieren einen Aktivierungszustand, der eine Fülle möglicher Verhaltensweisen offeriert, die nicht gleichzeitig realisiert werden können.

Jede Theorie entwickelt andere Empfehlungen, Konflikte zu bewältigen.

Tiefenpsychologie

Notwendige Bedingung erfolgreicher Konfliktbewältigung ist die Ausbildung eines starken Ich. Das ist nicht mit einem egozentrischen Ich zu verwechseln; denn das Ich soll hauptsächlich gegenüber den inneren Forderungen von Es und Überich stark sein. Ein starkes Ich entwickelt sich, wenn eine Person lernt, Triebwünsche zwar zu erkennen (sich bewusst zu machen), sie aber nicht sofort, sondern erst dann zu befriedigen, wenn es dem Ich einsichtig und dem Überich zulässig erscheint.

Beispiel: Ein Student verschiebt den Besuch eines neuen, heiß diskutierten Filmes auf die Zeit nach der Prüfung.

Die Kontrolle durch das Ich bzw. Überich darf aber nicht zu starr werden, sonst wird das Ich selber triebhaft und richtet sich aggressiv gegen die eigenen Triebwünsche. Konflikte werden besser bewältigt, wenn das Ich die Triebimpulse nicht unterdrückt oder verdrängt, sondern sie in zivilisierter und kultivierter Form zulässt:

Beispiel: Eine Sekretärin richtet ihr Büro geschmackvoll her. Sie verwirklicht damit ihren Wunsch nach einer wohnlichen Umgebung.

Alter	Konfliktgehalte
Kindheit	• Leistungsforderungen • Rivalität
Jugendlicher	• Entscheidung für einen Beruf • Entscheidung für einen Lebenspartner
Junger Erwachsener	• Behauptung gegen Konkurrenten • Berufliche Laufbahn • Gründung einer Familie • Spannung zwischen Beruf und Familie • Lebensstil und persönliche Lebensführung
Reifer Erwachsener	• Konsolidierung im Beruf • Entwicklung der Familie (Partnerschaft und Kinder) • Entscheidung für einen neuen (beruflichen oder privaten) Anfang • Übernahme von Verantwortung in der Gesellschaft • Lebenssinn und Transzendenz
Alter Mensch	• Lebensaufgabe abschließen • Sinn des eigenen Lebens (Weisheit) • Staffelübergabe an die nächste Generation • Vorbereitung auf den Tod

Abb. 8: Lebensphasenspezifische Herausforderungen und Konflikte

Mit fortschreitendem Alter stellen sich dem Menschen jeweils andere Aufgaben. Jede Lebensphase hat ihre eigenen, spezifischen Konfliktgehalte (siehe Abb. 8).

Konflikte biografisch bewältigen heißt, die alterspezifischen Herausforderungen zu erkennen und anzunehmen, zwischen den Anforderungen des äußeren und inneren Lebens ein Gleichgewicht herzustellen. Wer im Alter mit sich, mit Gott und mit seiner Umwelt in Frieden zu leben vermag, genießt die Frucht gelungener Meisterung der Lebensaufgaben.

Entscheidungstheorie

Konflikte werden in dem Maße erfolgreich bewältigt, als Menschen lernen,

- trotz Angst oder Unsicherheit angesichts neuer und widersprüchlicher Informationen überlegt zu entscheiden und planvoll zu handeln, also sich weder in hektischen Aktionismus zu stürzen noch notwendigen Entscheidungen auszuweichen.

  Beispiel: Ein Verkaufsleiter reagiert auf den Auftragsrückgang nicht umgehend mit einer neuen Marktstrategie. Er analysiert erst gründlich die Informationen und berät sich mit seinen Mitarbeitern, bevor er Maßnahmen entwickelt, den Rückgang umzukehren.

- Menschen und Dinge aus verschiedener Sicht zu betrachten und auf Herausforderungen flexibel zu reagieren, also weder die Wirklichkeit zu versimplifizieren noch im eigenen Handeln unbeweglich und rigide zu bleiben.

  Beispiel: Ein junger Mitarbeiter reagiert empfindlich auf Autoritäten. Seine Aversion macht ihn blind gegenüber vielen Zeichen des Entgegenkommens und der Sympathie seines Vorgesetzten. Allmählich verspielt er sich dessen Wohlwollen; er wird nicht zur Beförderung vorgeschlagen – für den jungen Mann ein weiterer Beweis, dass Autoritäten ungerecht sind.

- eine klare Werteordnung in ihrem Leben zu finden und Wertkonflikte auszubalancieren, also weder außengesteuert jedem Trend nachzurennen noch fundamentalistisch alles auf eine Karte – einen Wert – zu setzen.

Verhaltenstheorie

- Die Lebensweisheit rät, Situationen zu meiden, die uns leicht in Konflikte stürzen (»Versuchungen«). Vermeiden ist dann ungeeignet, wenn man solchen Situationen nicht ausweichen kann. Zudem führt die Vermeidungsstrategie dazu, immer mehr Situationen als konfliktträchtig zu vermuten und ihnen aus dem Weg zu gehen, was den persönlichen Bewegungsspielraum extrem einengt (typisch bei Phobien und Zwangshandlungen).

  Beispiel: Ein Alkoholiker weiß, dass er bei Partys leicht rückfällig wird. Um das zu verhindern, meidet er immer mehr gesellschaftliche Kontakte.

- Wichtig ist es, Interferenzen vorzubeugen oder, wenn erkannt, aufzulösen. Interferenzen sind faule Kompromisse zwischen unvereinbaren Handlungstendenzen, wie halbherzige Motivation in der Arbeit, täglicher Missmut, Aufgaben in Familie und Haushalt vernachlässigen, notwendige Entscheidungen vor sich herschieben.

  Beispiel: Ein Mitarbeiter wird entgegen seiner Erwartung nicht befördert. Seine Enttäuschung ruft verschiedene Vorstellungen in ihm wach: das »Minimum-Spiel« spielen, dem Vorgesetzten aus dem Weg gehen, sich in seiner Spezialaufgabe einigeln usw. Aus welchen Gründen auch immer drosselt er aber weder seinen Arbeitseinsatz noch verweigert er die Kooperation noch beschränkt er sich auf sein Spezialfeld. Stattdessen zögert er Projekte hinaus, lässt sich auf lange Diskussionen mit seinem Chef ein, langweilt in den Meetings mit nebensächlichen Informationen. So schafft er es, jede Phantasie ein Stück weit zum Zuge kommen zu lassen. In der Summe jedoch verdunkeln diese halbherzigen Kompromisse sein Profil. Er erscheint der Umwelt zunehmend unverständlich und diffus. Die Folge: Chef und Kollegen gehen zu ihm auf Distanz, seine Leistung sinkt, er ist innerlich unzufrieden.

- Konflikte sind besser zu bewältigen, wenn man sich klarmacht, dass Reize sowohl von außen als auch von innen kommen: Wünsche, Lustgefühle, spontane Ideen, Stimmungen usw. Der Abgleich der inneren mit den äußeren Reizen kann unser Verhalten wieder zielorientiert ausrichten.

Beispiel: Wenn ein Mitarbeiter die wirklichen Gründe seiner beruflichen Unzufriedenheit nicht kennt, müht sich ein Betrieb vergeblich ab, ihn zufriedenzustellen. Wenn ihm aber bewusst (gemacht) wird, dass seine Unzufriedenheit nicht allein aus der Arbeit resultiert, sondern weit mehr mit seinen familiären Enttäuschungen und privaten Entbehrungen zu tun hat, kann er daran gehen, jenes Verhalten auszuwählen, zu verstärken oder zu lernen, das die äußere (berufliche) und die innere (private) Situation wieder stimmig aufeinander abstimmt.

Was nutzt es, verschiedene Konflikttheorien zu kennen? Ist nicht jede ein eigener Kosmos, der die anderen notwendig ausschließt? Nicht unbedingt, wie ein Beispiel verdeutlichen soll.

Übung 5: Wechsel der Konfliktperspektive

Das folgende Beispiel mag dazu dienen, den Wechsel der Konfliktperspektiven einzuüben:

Konflikt: Freitagnachmittag bittet der Chef einen Mitarbeiter mit Nachdruck, Samstag früh eine unvorhergesehene Aufgabe unbedingt zu erledigen. Der Mitarbeiter reagiert zornig und weigert sich lautstark, das Wochenende zu opfern.

- Beleuchten Sie den Vorfall abwechselnd aus tiefenpsychologischer, entscheidungs- und verhaltenstheoretischer Sicht.
- Welche Aspekte hebt jede Theorie hervor?
- Welche Lösung würde jede Theorie nahelegen?
- Inwieweit vertieft ein theoretischer Perspektivenwechsel unser Konfliktverständnis?

Die multi-theoretische Konfliktanalyse könnte etwa wie folgt aussehen:

Tiefenpsychologisch wäre daran zu denken, dass der Mitarbeiter starke (Trieb-)Wünsche nach Freizeit hat, die nun frustriert werden. Die Intensität dieser versagten (frustrierten) Wünsche, also der Triebstau, ist so stark, dass das Ich die Triebenergie nicht mehr in angemessenes (selbst behauptendes) Verhalten kanalisieren kann. Möglicherweise ist auch das Überich nicht ausgeprägt genug, die Belange anderer (Kunden, Firma) mit den eigenen Interessen zu versöhnen.

Entscheidungstheoretisch bringt die unerwartete Aufforderung den Mitarbeiter in einen Konflikt mit seinen Erwartungen (auf ein freies Wochenende). Es gelingt ihm nicht, die möglichen Vor- und Nachteile der neu eingetretenen Situation gegeneinander abzuwägen und erst dann zu entscheiden. Die Diskrepanz zwischen den Anforderungen und den persönlichen Präferenzen ist so groß, dass ihm offenbar nur eine spontane und heftige Reaktion einfällt.

Die verhaltenstheoretische Sicht würde den Blick auf die verschiedenen Reize lenken, die im Mitarbeiter unterschiedliche Reaktionstendenzen auslösen: Ja zu sagen, abzulehnen, zu schweigen, einen anderen Vorschlag zu machen, den Ärger runterzuschlucken usw. Er sieht sich nicht imstande, die verschiedenen Reaktionstendenzen zunächst als solche, also »in der Tendenz«, zu belassen, sondern tritt die Flucht nach vorne an, indem er ausschließlich eine gerade mächtig sich vordrängende Reaktion, nämlich Ärger, äußert.

Sehen wir nochmals auf den Fall zurück. Auf den ersten Blick ist nicht klar erkennbar, was den Mitarbeiter gerade zu dieser Reaktion veranlasst. Ein tiefenpsychologisch trainierter Beobachter könnte schlussfolgern, dass es sich um einen ichschwachen oder egozentrischen Menschen handle. Ist aber damit die Konfliktanalyse schon abgeschlossen?

Die beiden anderen Sichtweisen legen eindringlich nahe, dass man diesen Konflikt aus guten Gründen auch anders erklären kann. Vielleicht wollte der Mitarbeiter gerade an diesem Wochenende etwas Wichtiges unternehmen und hat demnach den starken Wunsch, am Wochenende nicht zu arbeiten. Oder könnte es nicht auch sein, dass er, von Arbeit voll in Beschlag genommen, das erholsame Wochenende sehnsüchtig herbeiwünscht – und gerade dahinein die Bitte des Vorgesetzten platzt, die die ganze Hoffnung zunichte macht?

Möglicherweise handelt es sich wirklich um einen Mitarbeiter, der ichschwach ist, seine Bedürfnisse hauptsächlich in der Freizeit befriedigt und bei widersprüchlichen Reaktionstendenzen schnell »ausflippt«. Aber es kann sehr wohl auch sein, dass er ichstark ist und hier eine Nagelprobe für seine Selbstbehauptung sieht, dass er das Wochenende schon mit seiner Frau geplant hat und sich das Vorhaben nicht durchkreuzen lassen will, dass er sich weigert zurückzustecken, stattdessen seine Interessen nachdrücklich verficht.

Der Fall belegt beispielhaft, wie vielschichtig Konfliktbeschreibungen und -erklärungen sein können. Die verschiedenen Theorien bieten Hypothesen, die ein Beobachter zur perspektivischen Wahrnehmung nutzen und im Gespräch überprüfen kann. Die multi-perspektivische Betrachtung eines Konflikts eröffnet die Möglichkeit, eigenes und fremdes Konfliktverhalten tiefer zu verstehen und jene Bewältigungsstrategie einzuschlagen, die im vorliegenden Fall angemessen und Erfolg versprechend ist.

1.4.2 Soziale Konflikte

Konflikte zwischen Menschen können viele Ursachen haben: knappe Güter; gegensätzliche Interessen, Wertvorstellungen, Überzeugungen; Unterschiede in Temperament und Lebensstil; Neid und Missgunst usw. Die Ursachen müssen keineswegs objektiver Natur sein, sie können auch aus den Eigenheiten menschlichen Erlebens und Verhaltens hervorgehen. Wahrnehmungen, Gefühle, Einstellungen und Verhaltensweisen sind die personalen Bedingungen für Konflikte, umgekehrt werden sie auch von Konflikten in spezifischer Weise beeinflusst und verändert.

Wahrnehmungen

Dass Menschen die Welt verschieden sehen, ist bekannt. Vier Bilder mögen veranschaulichen, dass Konflikte schon allein aus unterschiedlichen Wahrnehmungen resultieren. Jedes Bild steht für einen Wahrnehmungsprozess, der bei Konflikten signifikante Bedeutung hat.

Die Figuren in Abb. 9 zeigen, dass wir Dinge wahrnehmen können, die nur auf dem Papier, nicht aber in Wirklichkeit existieren. Was zweidimensional noch einigermaßen passt, verliert dreidimensional jeden Sinn.

Die reduzierte, ja eindimensionale Wahrnehmung anderer Menschen ist dann der Konflikt. Die Neigung, das Verhalten anderer ausschließlieh ihrer Persönlichkeit zuzuschreiben und die Umstände außer Acht zu lassen, erleichtert Schuldzuweisungen: Die Eskalation kann beginnen.

> **Beispiel:** Eine Sekretärin gilt als kühl und abweisend, weil sie alle Besucher rigoros abblockt. Wenn berücksichtigt würde, dass sie die Bitte des Chefs, ihm alle Störungen fernzuhalten, loyal erfüllt, sieht ihr Verhalten schon anders aus.

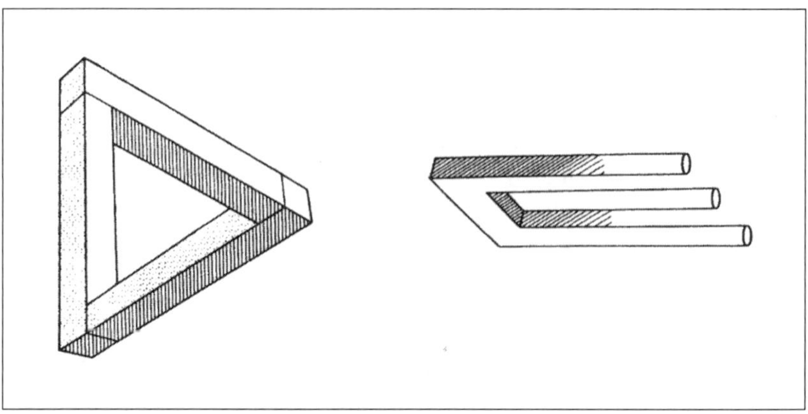

Abb. 9: Unmögliche Objekte[1]

Je enger eine Person die Wirklichkeit wahrnimmt, desto mehr Seiten blendet sie aus, übersieht und ignoriert sie. Sie wird schneller mit anderen in Streit geraten, die dieselbe Wirklichkeit vielschichtiger und differenzierter sehen.

Abb. 10 ruft einen Kippeffekt hervor: Einmal sehen wir ein junges Mädchen, dann wieder eine alte Frau. Dinge und Menschen sehen buchstäblich anders aus, wenn wir die Perspektive wechseln.

Beispiele: Die Ohrfeige, die ein Vater seinem Sprössling verabreicht, können Beobachter wahrnehmen als

- festen elterlichen Erziehungswillen,
- unkontrollierten Ausbruch männlicher Aggression,
- übliche Erziehungsmaßnahme (in dieser Kultur).

Das Einlenken der Firma Shell, die »Brent-Spar« nicht im Meer zu versenken, kann wahrgenommen werden als

- Sieg von Greenpeace über einen Energiekonzern,
- Rücksicht großer Unternehmen auf ökologische Belange,
- geschickten Schachzug, um eine unternehmensschädliche Diskussion zu entschärfen.

---

[1] John W. Burton, Conflict and communication. The use of controlled communication in international relations, New York; the Free Press (= a division of MacMillan and Co. Ltd., 866 Third Avenue, New York 10 022), 1969, S. 75; Penrose & Penrose, in: British Journal of Psychology, 49, 1958, S. 31.

Abb. 10: Alte Frau oder junges Mädchen[2]

In Abb. 11 a fällt es schwer, auf Anhieb die Umrisse eines Menschen (Abb. 11 b) zu erkennen. Menschen können in ihrer Umgebung so aufgehen, dass sie sich nicht mehr von ihr abheben.

Abb. 11: Der verborgene Mann[3]

---

[2] John W. Burton, S. 77.

[3] John W. Burton, S. 76 und 82. B. P. Porter, in: American Journal of Psychology, 1954, S. 550.

Beispiele: Jugendliche, die einer Modewelle anhängen (Popper, Punks, Sekten), werden nicht mehr als Individuen, sondern als Typen gesehen und in das Klischee über diese Gruppe gepresst. – Wer sich in einer Firma total anpasst, wird bei Beförderungen leicht übersehen – wenn er sich ungerecht behandelt fühlt, übersieht er, was er selbst dazu beigetragen hat.

Abb. 12 gibt das Ergebnis eines Experiments wieder. Der Befund belegt unsere Neigung zu sehen, was wir erwarten, entweder weil wir darauf aufmerksam gemacht worden sind oder weil wir es bisher immer so erlebt haben.

Durchführung			**Ergebnis** Prozentsatz der Personen, die bei einer 1/75 Sek. dauernden Exposition von Bild M ein menschliches Gesicht erkannten
Gruppen	Vorinformation	Tachistoskopisch exponiertes Bild	
Kontrollgruppe	keine	M	100
Versuchsgruppe 1	»Sie sehen ein Tier«	M	73
Versuchsgruppe 2	»Stellen Sie sich ein schematisch gezeichnetes Häschen vor. Sie werden es jetzt zu sehen bekommen.«	M	27
Versuchsgruppe 3	Keine verbale Vorinformation; stattdessen wurden die Bilder A bis E (in dieser Reihenfolge) gezeigt.	M	15

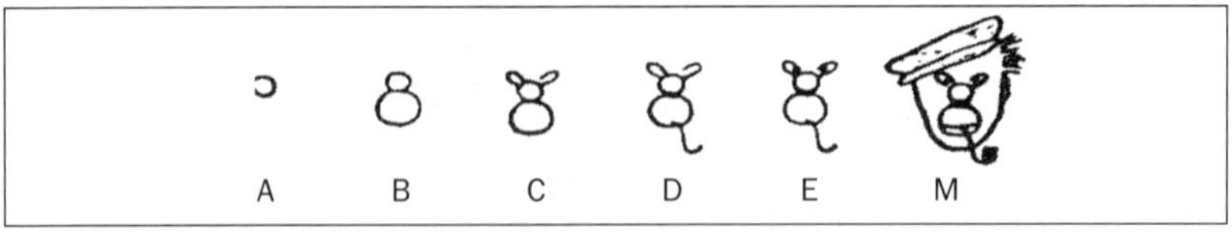

A B C D E M

Abb. 12: »Häschen oder Mensch«[4]

[4] Zusammengestellt nach Carl F. Graumann, Grundlagen einer Phänomenologie und Psychologie der Perspektivität, Berlin, de Gruyter, 1960, S. 171.

Beispiele: Wenn ein bekannter Politiker sich zu wichtigen politischen Fragen äußert, schalten viele ab; sie wissen eh schon, was er zu sagen hat. Vertritt er eine andere Meinung, bemerkt man es nicht oder erachtet sie als Täuschung. – Wenn dem neuen Kollegen der Ruf vorangeht, besonders kritisch zu sein, fällt den anderen gleich seine aggressive Tonart auf.

Wahrnehmungen schaffen für jeden eine eigene Welt. Die Wirklichkeit ist, wie Schopenhauer im Rückgriff auf stoische Lehren darlegt, weitgehend das Werk von »Wille und Vorstellung«. Es gibt keine Methode, die uns subjektunabhängig die Wirklichkeit »rein« und »objektiv« erschließt, so dass alle Menschen sie identisch wahrnähmen. Unsere Wahrnehmung bestimmt unsere Wirklichkeit oder die Wirklichkeit für uns. Folglich hat es wenig Sinn, Konflikte dadurch bewältigen zu wollen, dass man herauszufinden versucht, wer die Wirklichkeit richtig wahrnimmt, d. h. wer Recht hat. Vielmehr kommt es darauf an zu verstehen, wie wir zu unserer Auffassung der Wirklichkeit gelangt sind und nun trotz unserer Differenzen miteinander umgehen wollen.

Gefühle

Die Psychoanalytikerin Karen Horney (1973) unterscheidet drei Gefühlsrichtungen, in denen ein Mensch seine Grundangst anderen gegenüber bewältigt. Zwar kennt jeder bei sich alle drei Gefühlslagen, doch herrscht in der Regel eine vor, die dem Umgang mit Menschen einen persönlichen Stil gibt.

Dominiert eine Gefühlsrichtung durchweg alle Beziehungen, so liegt eine veritable Neurose vor. Doch auch der gesunde Mensch empfindet eine Ausrichtung als seinem Wesen gemäß, kann aber bei Bedarf auch die anderen erleben und nutzen. Treffen nun Menschen mit verschiedener oder unterschiedlich intensiver Gefühlsrichtung aufeinander, so sind Missverständnis, Unverständnis und Irritation leicht bei der Hand. Solange die Toleranz für eigenes und fremdes Gebaren weit genug ist, sind solche Kontakte interessant und bereichernd. Sie können jedoch unversehens und überraschend in Konflikte umschlagen.

Gefühle zu Menschen		
Hin	**Weg**	**Gegen**
Die Hinwendung zu anderen Menschen entspringt dem starken Wunsch, von ihnen beachtet, angenommen und anerkannt zu werden. Erst die Akzeptanz anderer garantiert Sicherheit und Wohlbefinden. Distanz und Kritik signalisieren dagegen Zurückweisung und Ablehnung, die zutiefst irritieren, beunruhigen und verstören. Konkurrenz und Konflikte vernichten die Sicherheit gebende Nähe, sind deshalb höchst bedrohlich und am besten zu meiden.	Die Abwendung von anderen Menschen wurzelt in einem starken Bedürfnis nach Unabhängigkeit und Selbstgenügsamkeit. Nähe und Zuwendung engen ein und machen abhängig. Sich in andere einfühlen und sie verstehen, würde zum Verlust der Unabhängigkeit führen; denn die Gefühle würden übermannen und man wäre nicht mehr selbstbestimmt. Gefühle bleiben deshalb möglichst aus dem Spiel. Am besten fährt man, wenn man in Beziehungen rein sachlich und analytisch bleibt.	Die Wendung gegen andere Menschen entstammt einer tiefen Abneigung und dem starken Verlangen, sie zu unterwerfen. Homo homini lupus, der Mensch ist für den Mitmenschen ein Wolf, solange er ihn nicht kennt, ist die Devise. Jedes Zusammentreffen mit anderen weckt sofort die Neigung und Lust, sie zu bekämpfen. Ironie, Geringschätzung und Provokation beherrschen soziale Kontakte. Konflikte werden gesucht und wirken belebend, Frieden und Harmonie sind und machen infantil.

Abb. 13: Die drei grundlegenden Gefühlsrichtungen zu Menschen

Einstellungen

Während sich Gefühle auf Menschen richten, drückt die Einstellung aus, wie wir Beziehungen gestalten möchten, damit sie uns konstruktiv und befriedigend erscheinen. Man kann sich mögen und dennoch miteinander rivalisieren. Morton Deutsch (1976) unterscheidet drei grundlegende Einstellungen oder Orientierungen zu sozialen Beziehungen.

Einstellungen zur Beziehung		
Kooperativ	**Individualistisch**	**Kompetitiv**
Beziehungen so gestalten wollen, dass wir alle davon profitieren. • Gemeinsames Tun: Ziele entdecken, Probleme miteinander besprechen, Lösung zusammen suchen. • Gleichwertigkeit statt Hierarchie. • Teilen statt Übervorteilen. • Anderen helfen, ihre Ziele zu erreichen, hilft auch der eigenen Zielerreichung.	Beziehungen so gestalten wollen, dass hauptsächlich ich profitiere. • Andere sind ebenso gleichgültig wie die Beziehung. • Auf andere weder angewiesen sein noch auf sie setzen. • Den eigenen Vorteil suchen, wenn es sein muss, auch gegen andere.	Beziehungen so gestalten wollen, dass ich die anderer für mich nutze. • Eigene Ziele auf Kosten anderer verfolgen, sie instrumentalisieren. • Anderen misstrauen, denn sie hindern die eigene Zielerreichung. • Andere grundsätzlich als Gegner sehen, die zu bekämpfen sind. • Über andere siegen, um den Abstand zu vergrößern.

Abb. 14: Die drei grundlegenden Einstellungen zu Beziehungen

- Die individualistische Einstellung – Einzelkämpfer, Single – lässt sich auf Dauer nicht durchhalten. Konflikte sind unvermeidlich Gabelpunkte, an denen Individualisten entscheiden müssen, ob sie mit anderen kooperieren oder gegen sie konkurrieren; zwangsläufig verfallen sie dem Konkurrieren, weil ihnen an der Beziehung ja nichts liegt.
- Die konkurrierende Einstellung polarisiert: Man kann nur gewinnen oder verlieren, andere sind entweder Freund (selten) oder Feind (meistens), Misstrauen ist besser als Vertrauen usw. Sie wird oft biologistisch (Überlebenskampf) begründet (Darwinismus). Humane Formen, wie Partnerschaft und Rücksicht, gelten als hinderlich – Machiavelli lässt grüßen.
- Die kooperative Einstellung gründet in einer bewussten Wertentscheidung, sonst zeugte sie lediglich von bequemem Nachgeben oder um

Harmonie besorgter Konfliktscheu. Sie allein ist imstande, Konflikte konstruktiv zu bewältigen.

Verhalten

Verhaltensweisen können ebenfalls Konflikte auslösen. In menschlichen Beziehungen gilt auch das Gesetz von Aktion und Reaktion. An der fundamentalen Dimension »Freundlichkeit vs. Feindseligkeit« kann man das veranschaulichen.

Beispiel: Zwei Kollegen (A und B) unterstützen einander wohlwollend (t). Eines Tages verhält sich B auffallend zurückhaltend, ja abweisend (u). A weiß nicht warum, will oder kann das aber nicht zur Sprache bringen, sondern drosselt den Kontakt (v). B merkt es und agiert verunsichert (w), was A vermuten lässt, B habe etwas gegen ihn, und A beäugt B misstrauisch (x). Die Spannung zwischen beiden steigt, als B die Nerven durchgehen – er beschimpft A (y) – worauf ihm dieser die Freundschaft kündigt (z).

Natürlich laufen solche Prozesse nur dann automatisch ab, wenn die Beteiligten nicht rechtzeitig miteinander reden. Aber Hand aufs Herz: Sind wir immer so frei und offen, andere anzusprechen, wenn ihr Verhalten uns irritiert?

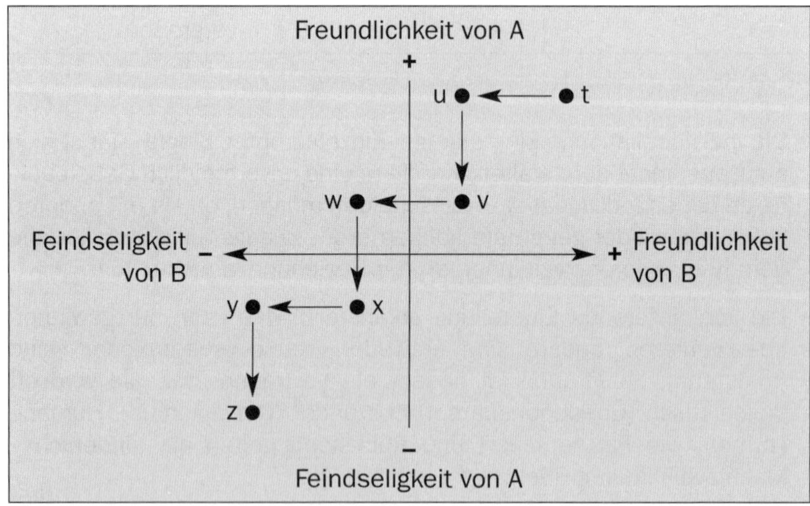

Abb. 15: Feindseligkeit – durch bloßes Reagieren

In allen Fällen eingeschränkter Kommunikation – aus kulturellen (Verständnis), sprachlichen (Fremdsprache), fachlichen (Experte) oder technischen (E-Mail) Gründen – sind die Parteien darauf angewiesen, aus einzelnen Signalen herauszulesen, ob die andere Seite wohlwollend oder feindlich eingestellt ist. Das Gefangenendilemma (siehe Anhang) bildet eine Situation extrem begrenzter Kommunikation ab. Wie gelingt es den Spielern, nicht in eine Spirale totaler Konfrontation (Feindseligkeit) abzudriften oder sie sogar umzudrehen? Robert Axelrod (2005) gewinnt aus der Analyse von Softwareprogrammen, die er gegeneinander antreten ließ, eine überlegene Strategie: Tit-for-Tat – Auge um Auge:

- Freundlich beginnen, aufeinander zugehen, ein Angebot machen.
- Verweigern, ablehnen, wenn die Gegenseite nicht mitspielt und einen auszunutzen versucht: Kooperation ausschlagen, Nein sagen, Unterstützung aussetzen.
- Verzeihen, das unkooperative Verhalten des anderen auf sich beruhen lassen, wieder zum Kooperieren zurückkehren.
- Nicht neidisch sein: miteinander, nicht gegeneinander gewinnen wollen.

Übung 6: Kooperation entwickeln

A und B einigen sich auf ein kontroverses Thema.

- Rollenspiel 1: Beide steigern ihre Aggression, bis sie fast handgreiflich werden.
- Rollenspiel 2: A agiert zunehmend aggressiv, B bleibt stets wohlwollend und freundlich.
- Rollenspiel 3: A und B spielen Tit-for-Tat: Sobald einer sich unkooperativ verhält – über den Tisch ziehen will, unfair argumentiert – reagiert der andere mit gleicher Münze und kehrt im nächsten Zug wieder zur Kooperation zurück.

Auswertung

- Wie haben die Akteure die unterschiedlichen Situationen erlebt?
- Welche Variante ist in der Realität leichter durchzuhalten?
- Fazit: Wie können Feindseligkeit, Misstrauen, Konkurrenz verhindert bzw. geändert werden?

1.4.3 Organisatorische Konflikte

Jede Organisation ist ein soziales Gebilde, das auf kunstvolle Weise heterogene Elemente menschlicher Gemeinschaft aneinander bindet und deshalb unvermeidlich konfliktträchtig ist.

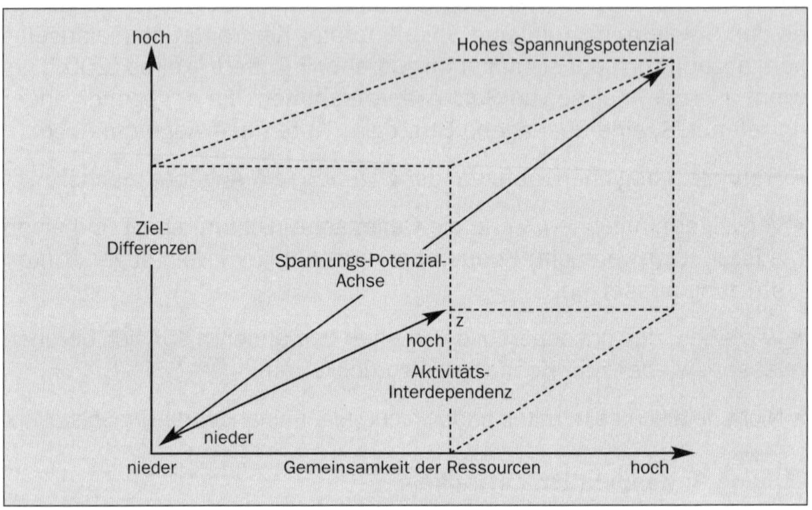

Abb. 16: Das Konfliktpotenzial einer Organisation

Das Konfliktpotenzial variiert mit dem Ausmaß der vier Dimensionen, die mit dem Organisationsmodell (siehe Kap. 3.3) weitgehend übereinstimmen. Es ist umso größer, je ausgeprägter die Dimensionen sind.

- Die Zielrichtung gibt an, weshalb und wozu eine Organisation existiert, betrifft den Zweck, die Mission und Vision. Differenzen in der grundlegenden Ausrichtung, bes. unter dem Topmanagement, kreisen um Fragen wie Shareholder- oder Stakeholder-Value, überzeugende Vision, verbindliche Werte, gemeinsame Strategie, einheitliche Führungsprinzipien, integrierte Regelungen bei Konflikten.
- Abhängigkeiten formen nach Grad und Art das Profil der Organisation. Sie werden durch die Strukturen geregelt, die die Arbeit der Mitglieder vertikal und horizontal koordinieren. Strukturelle Regelungen können Spielräume gewähren, einengen oder ausschließen; die sog. strukturellen Konflikte wurzeln hier: Welche Form der Zusammenarbeit fordert die Aufgabe: nebeneinander, miteinander oder gegeneinander?

Wird der Konfliktgehalt der Zusammenarbeit systematisch überprüft? Zielen Kontrollen auf Unterstützung oder Überwachung? Inwieweit lässt der Führungsstil des Vorgesetzten selbstständiges Arbeiten zu? Gibt es eine transparente, nachvollziehbare Leistungsbewertung? Inwieweit fördern oder hindern Art und Umfang der Regeln und Vorschriften die Zielerreichung?

- Ressourcen sind Voraussetzung für jede Leistung. Und sie sind in der Regel knapp, folglich Gegenstand vielfaltiger Auseinandersetzungen. Verteilungskonflikte sind besonders heftig, wenn übergeordnete Ziele fehlen, kein gemeinsames Wertbewusstsein existiert, verbindliche (Streit-)Regeln als hemmend gelten. Gehen die Ressourcen als Rahmenbedingung in die Zielvereinbarung ein? Verfügen Mitarbeiter über Budget- und Planungsverantwortung? Ist das System der Ressourcenzuteilung fair? Gibt es abteilungsübergreifende Verteilungsrunden?
- Personale Eigenheiten seien noch als vierte Kategorie hinzugefügt. Passen die Mitarbeiter nach Persönlichkeit, Temperament und Charakter in diese Organisation? Wird bei der Einstellung auf eine kompatible Werthaltung geachtet? Sind die Mitglieder fähig oder willig, Meinungsverschiedenheiten fair und Konflikte kooperativ auszutragen?

Erika Regnet hat aus Befragungen von Mitarbeitern und Führungskräften die häufigsten Konfliktursachen identifiziert (in dieser Abfolge, 2001, S. 28):

- Unzureichende Kommunikation
- Gegenseitige Abhängigkeit
- Sich ungerecht behandelt fühlen
- (Rollen-)Mehrdeutigkeit durch die Verantwortung
- Wenig Gebrauch von konstruktiver Kritik
- Misstrauen
- Unverträgliche Persönlichkeiten und Einstellungen
- Kämpfe um Macht und Einfluss
- Groll, Ärger, Empfindlichkeit

- Mitgliedschaft in unterschiedlichen Einheiten
- Auseinandersetzung über die Zuständigkeiten
- Belohnungssysteme
- Gesichtsverlust
- Wettbewerb um knappe Ressourcen

Die Liste zeigt dreierlei:

- Die häufigsten Ursachen (1–5 bzw. 6) liegen im Verantwortungsbereich der Vorgesetzten.
- Die zweithäufigsten (6–9) entstammen persönlichen Eigenheiten.
- Die geringste Bedeutung haben strukturelle Bedingungen (10–14).

Dies bestätigt das hier vertretene Konfliktverständnis: Nicht die objektiven Um- und Zustände, nicht das strukturelle Konfliktpotenzial determiniert das Konflikterleben von Menschen, sondern deren Erleben und Verhalten gestaltet den Konflikt. Nicht der Konflikt ist schlecht oder bedrohlich, sondern die Menschen, die ihn nicht bewältigen wollen oder können.

2 Konflikte analysieren

Teil 1 hat die theoretische Grundlage gelegt, um Art, Form und Entstehung von Konflikten begreifen und einordnen zu können. Teil 2 verfolgt ein praktisches Anliegen. Die verschiedenen Schemata sollen Handelnde und Beobachter in den Stand versetzen, Konflikte systematisch zu analysieren und auf Möglichkeiten der Bewältigung hin zu diagnostizieren.

2.1 Praktische Konfliktanalyse

Es ist nicht beabsichtigt, Konflikte detailliert zu beschreiben und umfassend zu klassifizieren. Die verschiedenen Prüflisten und Diagramme sind als praktische Arbeitshilfen gedacht, Konflikte im (beruflichen) Alltag gründlich zu prüfen, auf Alternativen hin zu sondieren und geeignete Wege konstruktiver Bewältigung zu eruieren. Sie entstammen nicht einer bestimmten Konflikttheorie, sondern dem praktischen Bedürfnis, bewusst auszuwählen (eklektizistisch), getreu dem Motto des Apostels Paulus: »Prüft alles, und was gut ist, behaltet.« (1 Thess. 5,21) Die Möglichkeiten der Umsetzung folgen dann in Teil 3.

2.1.1 Beobachter und Akteur: Die doppelte Perspektive

Ein adäquates Verständnis von Konflikten erfordert eine doppelte Betrachtungsweise: die des Beobachters und die der Parteien. Wir wollen zunächst die Außenperspektive des Beobachters einnehmen und verfolgen, wie er als Diagnostiker vorgeht. Da Konflikte stets emotionsgeladen sind, stehen die Erlebnisse der Parteien im Vordergrund. Erleben ist dynamisch, hat also eine Verlaufsstruktur. Die praktische Analyse achtet zunächst auf die für Konflikte typischen Prozesse, erst danach auf den Kontext (Rahmenbedingungen), in den der Konflikt eingebettet ist.

- Die Konfliktepisode bildet die Prozessgestalt ab (siehe Abb. 17). Ein Konflikt kann bis zum Abschluss durchaus mehrere Episoden durchlaufen. Chronische Konflikte stagnieren bei einer Episodenphase.
- Die Konfliktdiagnose befragt systematisch die einzelnen Prozessphasen (siehe Abb. 18). Sie erweitert die Kenntnis des Prozesses, indem

sie wirksame Einflussgrößen des Kontexts einbezieht. Beides zusammen, Prozess und Kontext, liefert dem Beobachter die Informationen, aus der Diagnose geeignete Interventionen abzuleiten.

- Das Konfliktinterview vertieft und ergänzt das Verständnis des Konflikts (siehe Abb. 19). Es ist als Diagnose zugleich schon Intervention (wie es für alle sozialen Prozesse typisch ist).

Die Konfliktepisode

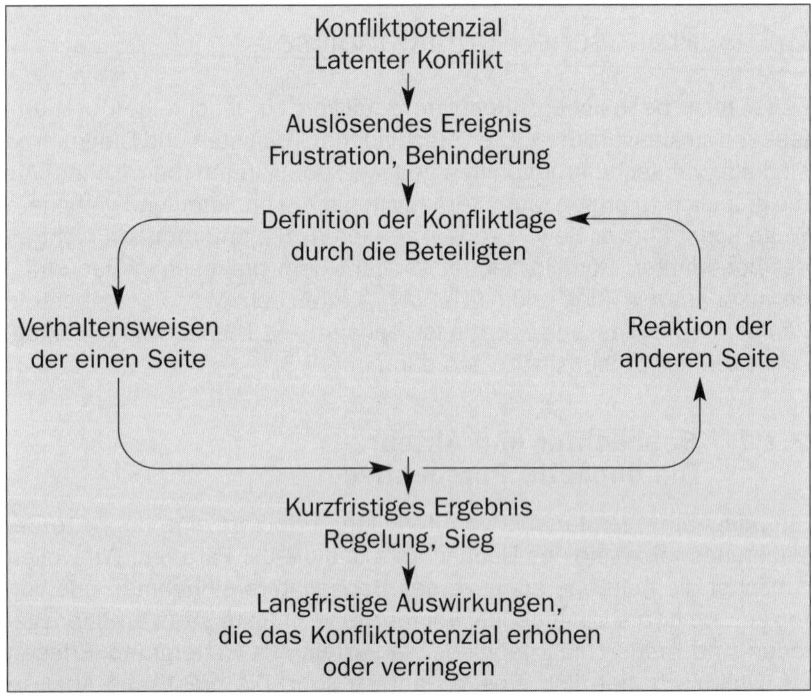

Abb. 17: Konfliktepisode – Konflikt als Prozess

Die Konfliktdiagnose

Die Fragen des Diagnoseschemas zielen darauf, einen Überblick über den Konflikt, seine Geschichte, Eigenart und Dynamik zu verschaffen. Die Fragen können bei einzelnen Punkten erweitert oder gekürzt werden. Die ersten drei Stichpunkte beziehen sich auf den Prozess, die letzten drei auf den Kontext. Schema und Fragen orientieren sich an den Vorschlägen von Friedrich Glasl (2006).

1. Die Streitpunkte: Worum geht es?

- Was bringen die Parteien gegeneinander vor?
- Was verlangen sie voneinander?
  Was steckt als Anliegen dahinter?
- Sehen sie die Streitpunkte gleich? Woher wissen sie das?
- Wie erleben die Parteien den Konflikt persönlich?
  Wie wichtig ist er für sie?
- Inwieweit sind die Streitpunkte objektiv fundiert oder subjektiv bedingt?

2. Der Verlauf: Wie hat sich der Konflikt entwickelt?

- Was hat den Konflikt ausgelöst?
- Welche »kritischen Ereignisse« haben ihn verschärft oder abgeschwächt (Eskalation)?
- Welcher Zustand herrscht jetzt? Stagniert der Konflikt?
- Wie tritt der Konflikt in Erscheinung: als »heiß« oder als »kalt«?

3. Das Verhalten: Wie agieren die Parteien?

- Wie versucht jede Partei, auf die andere einzuwirken?
- Manipulieren sie einander? Oder argumentieren sie redlich?
- Welche Muster (Reiz-Reaktion) treten immer wieder zwischen ihnen auf?
- Welchen Stil setzt jede Partei bevorzugt ein?
  Bleibt sie starr oder agiert sie beweglich?
- Debattieren sie miteinander, reagieren sie aufeinander oder kämpfen sie schon gegeneinander?
- Was bringt den Parteien eine Fortdauer des Konflikts?
  Was eine Einigung?
- Welchen Preis (Konzession) sind die Parteien bereit zu zahlen?

4. Die Parteien: Wer steht im Konflikt gegeneinander?

- Wer sind die Parteien: Personen? Gruppen? Organisationen? Kollektive?
- Bei Personen: Stehen hinter ihnen (Interessen-)Gruppen?
- Bei Gruppen: Wer hat das Sagen? Wo und wie greift diese Person in den Konflikt ein?
- Bei Organisationen: Wie ist die interne Kommunikations-, Macht- und Entscheidungsstruktur?
- Wie sind die Parteien organisatorisch zugeordnet: über-/untergeordnet? Gleichrangig?

- Wie fühlt sich jede Partei der anderen gegenüber: über-/unterlegen? Stark/schwach?
- Deckt sich die strukturelle Zuordnung mit den Erwartungen?
- Welches Prinzip sollte in der Beziehung gelten: Gleichheit? Fairness? Bedürftigkeit?
- Was kann jede Seite aufgrund ihrer Position verlangen?

5. Erwartungen: Was erhoffen/befürchten die Parteien von diesem Konflikt?

- Ist der Konflikt für die Parteien unvermeidbar oder vermeidbar? Ist für sie eine Einigung möglich oder unmöglich?
- Wer profitiert von dem Konflikt: eine Partei? Dritte? Die Organisation?
- Wem bringt der Konflikt Nachteile: einer Partei? Dritten? Der Organisation?
- Wer zieht Vorteile aus dem andauernden, ungelösten Konflikt?
- Wie greifen die im System vorhandenen Regelungsmechanismen?
- Wie bewerten die Parteien die bisherigen Versuche, den Konflikt zu beenden? Was hat jede unternommen? Mit welchem Effekt?
- Hoffen die Parteien, den Konflikt regeln zu können? Oder haben sie jede Hoffnung aufgegeben?

6. Ergebnis und Folgen: Was hat der Konflikt gebracht?

- Ist der Konflikt bewältigt, d. h. beendet? Dauerhaft oder nur vorläufig?
- Bei welchem Anlass könnte der Konflikt wieder aufflammen?
- Wie verarbeitet jede Partei innerlich das Ergebnis?
- Welchen Nutzen/Schaden hat der Konflikt gebracht: den Parteien? Der Organisation?
- Was würden die Parteien das nächste Mal anders machen?

Abb. 18: Konfliktdiagnose – Grundschema

Das Konfliktinterview

Das Diagnoseschema ist Grundlage für den Leitfaden des Konfliktinterviews. Parallel zu den Fragen stehen Vorschläge für eine dritte Partei (Vorgesetzter, Mediator), den Ablauf methodisch zu strukturieren (nach Regina Mahlmann, 2000, S. 153 ff.).

1. Streitpunkte: Worum geht es?

Fragen	Vorgehen
• Worum geht es Ihrer Meinung nach? • Was halten Sie für den »eigentlichen« Konflikt? • Was wollen Sie erreichen? • Was stört, ärgert, irritiert Sie? • Gibt es Punkte, auf die Sie beide sich einigen könnten? • Welche Punkte sind für Sie unverhandelbar? • Gibt es weitere Aspekte? Wie wichtig sind diese?	Kartenabfrage • Nachfragen und erklären lassen • Gegenseitig zusammenfassen lassen • Konsens und Dissens festhalten • Karten nach Streitpunkten ordnen • Streitpunkte priorisieren (mit Punkten oder nach Diskussion)

2. Konfliktverlauf: Wie hat sich der Konflikt entwickelt?

Fragen	Vorgehen
• Beschreiben Sie, wie sich der Konflikt entwickelt hat. • Wann hat er begonnen? Warum? • Wie ist der aktuelle Stand? • Gab es Vorfälle, die den Konflikt eskalieren ließen? • Welches Verhalten hat entscheidend zu diesem Konflikt geführt? • Welche Umstände haben den Konflikt gefordert? • Welche Spielregeln sollten ab sofort zwischen Ihnen gelten?	Parteien beschreiben ihre Sicht • Andere Seite hält Stichworte fest • Jede Partei präsentiert ihre Antworten, bringt dabei ihre Gefühle zum Ausdruck • Neue Spielregeln im Umgang miteinander aufstellen lassen

3. Konfliktparteien: Wer ist am Konflikt beteiligt?

Fragen	Vorgehen
• Wer sind die Konfliktparteien? Personen, Gruppen, Einzelne gegen Gruppen? • Zu welcher Partei tendieren Sie? • Wie sehen Sie die anderen Parteien?	Gesprächsrunden • Frage für Frage durchgehen, Antworten notieren, Zeit zur Diskussion lassen, Ergebnis festhalten

• Wer sind die Schlüsselpersonen oder Kerngruppen? • Welche Personen und Gruppen sind indirekt beteiligt oder haben mittelbaren Einfluss auf den Konflikt? • Welche Personen und Gruppen haben unter diesem Konflikt zu leiden? • Welche Abhängigkeiten bestehen? • Gibt es (stillschweigende) Rollenerwartungen? • Welche Sanktionsmöglichkeiten haben und/oder nutzen die Parteien als Druckmittel? • Was fordern die Parteien aufgrund ihrer Position? • Wie begründen sie diese Forderungen? • Welche Forderungen würden Sie gegebenenfalls anerkennen, welche nicht?	• Jede Partei begründet ihre Forderungen • Jede Seite hält fest, was sie akzeptieren kann und was nicht • Gruppe diskutiert Forderungen und Vorschläge, Annäherung einleiten • Abschließend skizzieren, wo sich die Parteien angenähert haben und wo nicht • Überprüfen, inwiefern die Punkte von Phase 1 (Worum geht es?) noch wichtig sind

4. Einstellungen zum Konflikt: Was erhoffen/befürchten die Parteien?

Fragen	Vorgehen
• Wie beurteilen Sie die Gesamtsituation: Halten Sie die Konfrontation für a) unvermeidlich und einen Konsens für unmöglich? b) unvermeidbar und einen Konsens für möglich? c) vermeidbar, aber einen Konsens für unmöglich? d) vermeidbar und einen Konsens für möglich? • Wann ist der Konflikt für Sie beendet?	Diskussion • Persönliche Angriffe unterbinden oder sofort aufgreifen und nach den vereinbarten Spielregeln besprechen (siehe Kapitel 3.3.1.2) • Nebenschauplätze zurückstellen

5. Lösung: Wie kann der Konflikt beendet werden?

Fragen	Vorgehen
• Welche strategischen Überlegungen leiten die Parteien, die ihr weiteres Verhalten bestimmen könnten? • Welche Vorteile ziehen die Parteien aus dem Konflikt? Wie könnten diese in eine Einigung eingebaut werden? • Was sind Sie bereit zu tun, um den Konflikt zu entschärfen oder zu lösen? • Zu welchen Konzessionen sind Sie bereit? • Was haben Sie noch nicht versucht? Was wäre einen Versuch wert? Welche Initiativen könnten Sie starten, um den weiteren Verlauf konstruktiv zu beeinflussen? • Was schlagen Sie konkret als Lösung vor? • Wie sollte die Vereinbarung kontrolliert werden? Wer sollte sich darum kümmern? • Was sollte geschehen, wenn sich eine Partei nicht an die getroffene Vereinbarung hält? • Was erhoffen Sie von der weiteren Entwicklung?	Parteien bearbeiten diese Frageliste. • Parteien halten auf Karten ihre Antworten fest und stellen sie einander vor. • Jede Partei sagt, welchen Beitrag sie persönlich zu leisten bereit ist. • Mit den Parteien erarbeiten: a) worin sie übereinstimmen, b) worin sie nicht übereinstimmen, aber Kompromisse sehen, c) worin sie nicht übereinstimmen und keine Einigung sehen. • Sich auf a) und b) konzentrieren, c) auf später verschieben.

Abb. 19: Konfliktinterview – Leitfaden

Übung 7: Diagnose meines Konflikts

Beschreiben Sie einen Konflikt aus dem beruflichen oder privaten Alltag, den Sie vor Kurzem erlebt haben. Sie selbst sollten unmittelbar daran beteiligt sein.

- Streitpunkt: Worum geht es?
- Anlass: Was hat den Konflikt ausgelöst?

- Parteien: Wer ist am Konflikt – unmittelbar oder mittelbar – beteiligt?
- Definition: Wie nehmen die Parteien den Konflikt wahr, wie interpretieren sie ihn?
- Verhalten: Wie verhalten sich die Beteiligten (Aktion und Reaktion)?
- Ergebnis: Was hat der Konflikt gebracht?
- Folgen: Welche Auswirkungen hat er kurz- und längerfristig?

Zu einer ausführlicheren Analyse greifen Sie auf die Schemata »Konfliktdiagnose« und »Konfliktinterview« (s. o.) zurück.

2.1.2 Prozess-Analyse

2.1.2.1 Die Streitpunkte

Als Erstes kommen die Streitpunkte zur Sprache, also jene Themen, die die Parteien gegeneinander vorbringen. Es gibt grundsätzlich nichts, was nicht zum Streit werden könnte. Umgekehrt ist kein Thema so beschaffen, dass es Menschen einen Konflikt aufzwingt. Streitpunkte und Ursachen vermischen sich bei den Parteien immer wieder, weil es Menschen sind, die eine Sache zum Thema machen, als Konflikt definieren und den Konflikt miteinander austragen. Deshalb ist es ratsam, die Parteien selbst

- die Streitpunkte benennen zu lassen,
- sie sichtbar aufmalen zu lassen oder selber aufzuzeichnen (zu visualisieren),
- sie miteinander zu verbinden und
- ihnen diese »Konfliktlandschaft« (Friedrich Glasl, 2002) zurückzumelden.

Nun gibt es bestimmte Themen, die in einer Organisation häufiger Anlass zum Streit sind als in einer anderen. Die Streitpunkte hängen offensichtlich mit dem jeweils eigenen Konfliktpotenzial zusammen. Das Organisationsklima erfasst die subjektive Sicht der Mitglieder, wie sie ihre Organisation sehen und erleben. Es liegt nahe, die Streitpunkte in den Dimensionen des Organisationsklimas anzusiedeln. Oswald Neuberger (1987) hat die zentralen Dimensionen der Organisationsklima-Forschung zusammengefasst. Sie bieten eine erste Einschätzung der Streitpunkte und der von den Parteien vermuteten Ursachen.

Streitpunkte in Abhängigkeit vom Organisationsklima

	3 2 1 0 1 2 3	
	Arbeitsablauf	
Planlos	├─┼─┼─┼─┼─┼─┤	Bürokratisch
Durcheinander	______	Reglementiert
Mehrdeutig	______	Vereinheitlicht
	Abhängigkeit	
Selbstständig	______	Abhängig
Eigener Verantwortungsber.	______	Bekommt nur Anweisungen
Hat Handlungsspielraum	______	Fühlt sich machtlos
	Klima	
Vertrauen	______	Misstrauen
Wärme, Achtung	______	Kälte, Ablehnung
Nähe, Hilfe	______	Distanz, Rückzug
Zweiseitige Kommunikation	______	Einseitige Kommunikation
	Leistungsmotivation	
Schwung, motiviert	______	Trägheit, demotiviert
Engagement	______	Desinteresse
Energie, dynamisch	______	Kraftlos, lahm
Leistung wird betont	______	Leistung wird abgelehnt
	Zusammenarbeit	
Solidarität	______	Spannungen
Einheit	______	Cliquenbildung
Kooperation	______	Konkurrenz
Harmonie	______	Konfrontation
Arbeiten miteinander	______	Arbeiten nebeneinander
	Anreize	
Hohe, starke Belohnungen	______	Niedrige, wenige Belohnungen
Bestraft wird selten	______	Bestraft wird häufig
Fair und gerecht	______	Unfair und ungerecht
Berechenbar	______	Unkalkulierbar
	Innovation	
Bereitschaft zu Veränderungen	______	Starr, intolerant
Bereitschaft zu Risiken	______	Sicherheitsdenken herrscht vor
Flexibel	______	Unbeweglich
Lernbereit, offen	______	Lernunwillig, dogmatisch
	Hierarchie und Kontrolle	
Gleichheit	______	Machtunterschiede
Gleichwertigkeit	______	Über- und Unterordnung
Kontrolle als Unterstützung	______	Kontrolle als Überwachung

Abb. 20: Dimensionen des Organisationsklimas

Übung 8: Strukturbedingte Streitpunkte

- Denken Sie an drei Konflikte, die in Ihrem Arbeitsbereich regelmäßig auftreten.
- Beschreiben Sie das Organisationsklima (Abb. 20) Ihrer Einheit (Abteilung, Organisation).
- Identifizieren Sie anhand des Profils die wichtigsten Streitpunkte.
- Welche Schlüsse ziehen Sie? Was werden Sie unternehmen?

2.1.2.2 Die Parteien

Die Parteien können Personen, organisierte Einheiten oder formlose Ansammlungen (Menge) sein. Wir wollen uns hier auf Personen (als Parteien) beschränken und zwei konfliktrelevante Aspekte herausgreifen: Einstellungen und organisatorische Zuordnung.

Einstellungen

Menschen mit bestimmten Grundeinstellungen (Feld 2–4) geraten leichter mit anderen in Konflikt, umgekehrt setzt kooperative Konfliktbewältigung eine bewusste und achtsame Einstellung sich selbst und anderen gegenüber (Feld 1) voraus.

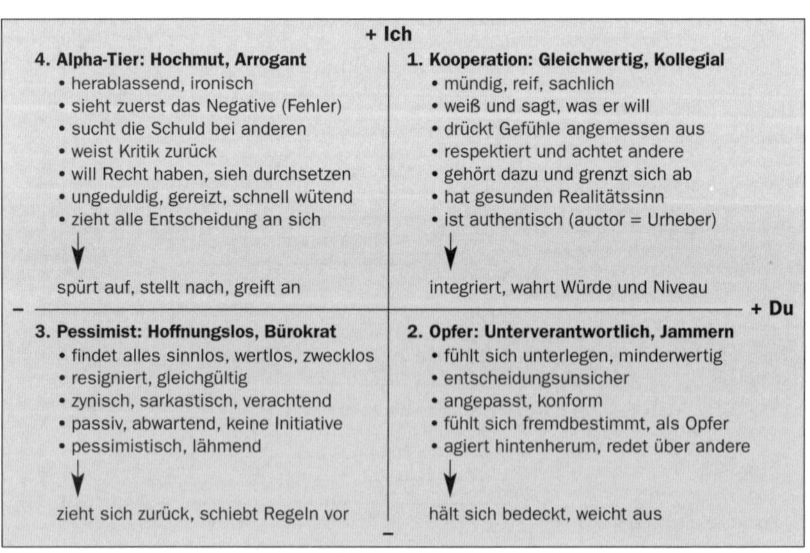

Abb. 21: Grundeinstellungen der Parteien

Organisatorische Zuordnung

Bedeutsam ist auch, wie die Parteien einander strukturell zugeordnet sind. Die in Organisationen üblichen Formen der Zuordnung verfolgen einen bestimmten Zweck und erzeugen gerade dadurch typische Konflikte.

Form der Zuordnung	Beispiel	Adäquates Prinzip
Nebeneinander Horizontal interdependent	Personen, Gruppen oder Abteilungen haben eigene, klar definierte Kompetenzen (Aufgaben, Ziele, Verantwortung)	• Selbstständigkeit • Koordination • Integration in übergeordnete Ziele
Nacheinander Horizontal sequenziell	Im Arbeitsablauf gehen bestimmte Funktionen voraus: Marketing der Produktentwicklung, und diese wiederum der Fertigung	• Gleichheit • Respekt und Achtung • Disponibler Zeitrahmen
Miteinander Horizontal verschränkt	In Teams befruchten sich die Mitglieder gegenseitig	• Kollegialität • Kooperation • Synergie • Synchronisation
Über- und untergeordnet Hierarchisch	Klassische Beziehung Vorgesetzter – Mitarbeiter	• Autorität • Sensibler Gebrauch von Macht

Abb. 22: Strukturelle Zuordnung der Parteien

Übung 9: Die Parteien im Konflikt

Fragen Sie nach einem konkreten Konflikt aus Ihrem Arbeitsbereich:

- Welche Grundeinstellungen erleben Sie häufig bei jeder Partei? Inwiefern könnte gerade diese Einstellung den Konflikt begünstigt haben? An welchen Verhaltensweisen konnten Sie das beobachten?
- Welche Rolle spielt in diesem Konflikt die strukturelle Zuordnung der Parteien? Ist sie angemessen und ergebnisorientiert? Wird sie von den Parteien akzeptiert?

2.1.2.3 Die Form

Das Agieren und Reagieren der Parteien gibt einem Konflikt seine spezifische Form. Sie ist Folge des Zusammenwirkens von

- Emotionen: heiß oder kalt.
- Strategie: integrieren (win-win) oder pokern (win-lose).
- Konfliktstil: eigene und/oder fremde Interessen befriedigen wollen.
- Im Konfliktsyndrom vereinen sich alle Elemente zu einem ausgewachsenen Konflikt.

Die verschiedenen Formkräfte wirken sowohl in den Parteien als auch zwischen ihnen. Obwohl sie im konkreten Konflikt stets ineinander verwoben sind, verweist die analytische Trennung auf unterschiedlich akzentuierte Möglichkeiten, vorzubeugen oder einzugreifen.

Die Konfliktemotionen

Entscheidend ist nicht, dass Konflikte emotional geladen sind, sondern welcher Art die Emotionen sind. Mit zunehmender Intensität verändern Gefühle ihre Qualität. Heiße (laute) Gefühle sind flüssig, formbar, vereinbar, kalte (stumme) Gefühle dagegen erfroren, starr, zerstörerisch (siehe Abb. 23 auf der folgenden Seite).

Die Konfliktstrategie

Während in den Emotionen reflexartige Reaktionen auf einen Konflikt zum Ausdruck kommen, verdichtet die Strategie Absichten, Einschätzungen und Erfahrungen, die sich variabler Taktiken als kurzfristig angelegter Aktionen bedienen. Die Funktion einer Taktik hängt von ihrer Stellung im Rahmen der Strategie ab. Die Person mag sich (und andere) über ihre Strategie täuschen, doch aus ihren taktischen Zügen lässt sie sich rekonstruieren.

Zwei grundlegende Strategien sind im Konfliktaustrag häufig anzutreffen:

- Die Pokerstrategie (»win-lose«) entspringt der Überzeugung, dass ein Konflikt nur mit Sieg oder Niederlage enden kann. Also muss ich mich durchsetzen, um zu gewinnen.
- Die Problemlösungsstrategie (»win-win«) betrachtet Konflikte als Probleme, die lösbar sind, wenn beide Seiten von der Lösung profitieren (siehe Abb. 24, S. 56).

	Heißer Konflikt	Kalter Konflikt
Merkmale	Die Parteien • sind übermotiviert • erhitzen sich für ihre Ziele • dünken sich überlegen • suchen die direkte Konfrontation • wollen die andere Seite partout überzeugen • empfinden Regeln und Prozeduren als hinderlich • explodieren irn Kontakt miteinander • schmieden Allianzen	Die Parteien • sind voneinander enttäuscht und desillusioniert • zweifeln an sich selbst • glauben nicht mehr, den Konflikt anständig lösen zu können • behindern und blockieren sich • sprechen sarkastisch und zynisch über die Gegenpartei • empfinden tiefe Aversion • meiden den direkten Kontakt • ziehen sich auf Formalien, Regeln und (Dienst-)Wege zurück
Ansatzpunkte	• Weil der Konflikt hochgradig emotionalisiert ist, sind Spielregeln für die Aussprache zu vereinbaren. • Die Parteien wollen unbedingt ihre Differenzen offen ansprechen und diskutieren. • Erst später sind sie bereit, auf die strukturellen Aspekte und Rahmenbedingungen einzugehen.	• Weil der Konflikt die Parteien einander entfremdet hat, müssen sie erst befähigt werden, miteinander zu sprechen. Dafür ist erst in Einzelgesprächen ihr Selbstwertgefühl zu stärken. Mit Konfrontation oder Daten-Rückkopplung beginnen, würde massive Abwehr und Ablehnung hervorrufen. • Phantasien entwickeln lassen, wie es mit ihnen weitergeht, soll die Parteien dazu bringen, die Folgen ihres (Nicht-)Handelns zu erkennen und zu verantworten. • Ausweichmanöver direktiv verhindern, um den gewohnten Rückzug zu unterbinden.

Abb. 23: Heißer und kalter Konflikt

Strategien der Konfliktbewältigung

Poker-Strategie Kompetitiv	**Problemlösungs-Strategie** Kooperativ
Einstellung	
Ich sehe Konflikte als Spiel, in dem nur einer gewinnen kann.	Ich betrachte den Konflikt als unser gemeinsames Problem.
Absichten	
Ich kenne meine Interessen und Ziele, aber ich lege sie nicht offen: Ich sage dazu nichts oder ich täusche.	Ich kenne meine Interessen und Ziele; ich will sie klar kommunizieren und täuschungsfrei offenlegen.
Ich suche, dem anderen meine Forderung aufzuzwingen. Ich will meine eigenen Ziele durchsetzen.	Ich suche nach einer Lösung, die uns beide zufriedenstellt, ich möchte gemeinsame Ziele verfolgen.
Verhalten	
Ich hebe Machtunterschiede betont hervor: • Ich stelle gleich zu Beginn fest, dass mir überhaupt nichts an einer gemeinsamen Lösung liegt, • Ich betone, dass ich vom anderen in keiner Weise abhängig bin.	Ich suche Machtunterschiede auszugleichen: • Ich betone gleich zu Beginn, wie wichtig mir eine gemeinsame Lösung ist, • Ich verweise darauf, dass wir aufeinander angewiesen sind.
Ich lasse zu Beginn den anderen im Unklaren über meine Gefühle, Interessen und Absichten; ich halte mich zurück und lasse ihn kommen.	Ich teile zu Beginn meine Gefühle, Interessen und Absichten mit, die hinter meinen Forderungen stehen.
Ich vermeide es, mich in den anderen hineinzuversetzen; das »psychologisiert« nur den Konflikt.	Ich höre aktiv zu und suche mich in ihn hineinzuversetzen.
Anfangs locke ich mit Versprechungen; wenn der andere nicht nachgeben will, zögere ich nicht zu drohen.	Weder locke ich mit Versprechungen noch verunsichere ich mit Drohungen.
Negative Gefühle äußere ich anklagend und verletzend.	Negative Gefühle drücke ich so aus, dass sie nicht verletzen.
Heftige Gefühle unterdrücke ich, bis ich Gelegenheit habe, sie »heimzuzahlen« (= kalter Konflikt).	Heftige Gefühle (Zorn, Ungeduld) äußere ich temperamentvoll (= heißer Konflikt).
Ich sage unmissverständlich, dass ich von meiner Forderung nicht abrücken kann und werde.	Ich lasse durchblicken, dass meine Forderung nicht das letzte Wort ist.
Ich täusche Entgegenkommen vor, um dem anderen Zugeständnisse zu entlocken.	Ich komme dem anderen entgegen, um ihn zu einer gemeinsamen Lösung zu bewegen.

Abb. 24: Kompetitive und kooperative Strategie der Konfliktbewältigung

Übung 10: Rollentausch

Situation

In einer größeren Behörde geraten zwei Abteilungsleiter (AL) in Konflikt miteinander, weil jeder versucht, seinen Mitarbeiter auf den frei gewordenen Posten des Referatsleiters zu befördern. Der höhere Vorgesetzte will sich nicht festlegen und gibt den beiden AL die Anweisung, sich im Gespräch zu einigen.

Rollenspiel:

Phase 1: AL A versucht, mit allen Mitteln und Tricks seinen Kollegen dahin zu bringen, dass er seinen Mann akzeptiert. Ihm ist erlaubt, alle Mittel – außer körperlicher Gewalt – einzusetzen, um den anderen zum Nachgeben zu bewegen. AL B geht dagegen offen in das Gespräch und möchte erst am Schluss seine endgültige Entscheidung fällen. Dauer: 15', dann Abbruch, auch wenn keine Einigung zustande kam.

Phase 2: Die Rollen wechseln; nun versucht AL B seinerseits mit allen ihm zur Verfügung stehenden Mitteln – körperliche Gewalt ebenfalls ausgeschlossen – dem Gegenspieler seine Präferenz aufzunötigen. AL A steht es frei, wie er sich verhalten will. Dauer: 15'.

Diskussion

- Die Rollenspieler: Wie haben Sie sich in den verschiedenen Bedingungen gefühlt? Welche Gefühle und Gedanken hat das Verhalten des anderen in Ihnen ausgelöst? Welches Verhalten haben Sie (bei sich und beim anderen) als besonders »durchschlagskräftig« empfunden? Welche Folgen hatte der Rollenwechsel?
- Die Beobachter: Teilen Sie den Spielern mit, was Sie wahrgenommen haben. Wie schätzen Sie die Motivation der einzelnen Spieler ein, das Gespräch fortzusetzen? Welche Folgerungen könnten daraus für den Alltag gezogen werden?

Der Konfliktstil

Während die Strategien des Pokerns und der Problemlösung einander diametral gegenüberstehen, bildet der Konfliktstil eine Kombination beider Strategien in einem zweidimensionalen Feld ab. Das ursprünglich von Robert R. Blake & Jane S. Mouton (1980) analog zum Führungsstil formulierte Konzept des Konfliktstils kombiniert zwei Orientierungen:

- Ego: Orientierung an mir, an meinen Belangen, Interessen, Zielen
  - Will für mich das Meiste/Beste herausholen
  - Folge 1: weigere mich nachzugeben
  - Folge 2: vertrete mit Nachdruck (starr, stur) meine Interessen
- Alter: Orientierung am anderen, an den Belangen, Interessen, Zielen der Gegenseite
  - Will, dass es der Gegenseite gut geht
  - Folge 1: fühle mich für die Gegenseite verantwortlich
  - Folge 2: Die Einigung ist mir wichtiger als der Preis (für mich).

Ein Fragebogen soll – orientiert an Kenneth W. Thomas (1976) – das verdeutlichen.

Übung 11: Mein Konfliktstil

Kreuzen Sie die Antwort an, die am ehesten zutrifft.

1. Jeder Konflikt rührt auch die Gefühle der Beteiligten auf.
   Wie würden Sie Ihre Gefühle in Konfliktsituationen beschreiben?
   a) Es macht mir richtig Spaß, wenn ich meinen angestauten Gefühlen Luft machen kann. ○
   b) Konflikte stimmen mich ernst. Ich mache mir Gedanken, was wohl die anderen meinen und fühlen. ○
   c) Ich bin frustriert; denn entweder ärgere ich mich oder resigniere, zu einer wirklichen Lösung kann ich doch nichts beitragen. ○
   d) Ich habe schon Spaß daran, aber die Gefühle dürfen nicht zu heftig werden. ○
   e) Ich habe oft Angst davor. Offene Aussprachen sind nicht möglich, ohne den anderen zu verletzen. ○
2. Sie ärgern sich aus irgendeinem Grund über einen Freund.
   Was tun Sie?
   a) Ich sage ihm, weshalb und worüber ich mich ärgere. Dann frage ich ihn, wie ihm nun zumute ist. ○
   b) Ich ärgere mich am meisten darüber, dass es ihm gelungen ist, mich so in Wut zu bringen. Ich gehe ihm deshalb aus dem Weg, bis ich wieder ruhiger geworden bin. ○
   c) Wenn ich Wut habe, explodiere ich, ohne viel zu fragen. ○
   d) Ich habe Angst davor, in Wut zu geraten. Sie könnte mich verleiten, etwas zu tun, was ich später bereue. Deshalb versuche ich, den Ärger zu verdrängen und gerade das Gegenteil von dem zu tun. zu was mich der Ärger antreibt. ○
   e) Eine richtige Wut ist für alle gut, solange niemand verletzt wird. ○

3. Eine Besprechung zieht sich immer mehr in die Länge, weil ein Kollege auf seinen Einwänden beharrt. Was tun Sie?
   a) Ich trete dafür ein, dass er seine Argumente vorbringen kann. Wenn er die Gruppe nicht zu überzeugen vermag, sollte er sich der Mehrheitsmeinung anschließen. ○
   b) Ich suche herauszufinden, weshalb der Kollege das Problem anders als die Gruppe sieht. Wir können dann unsere Argumente aus seiner Sicht prüfen und ihn besser verstehen. ○
   c) Solche Meinungsverschiedenheiten lähmen eine Gruppe. Ich dränge die anderen, zu angenehmeren Tagesordnungspunkten überzugehen. ○
   d) Der Kollege behindert unsere Arbeit. Ich sage das offen und verlange, dass wir notfalls ohne ihn weitermachen. ○
   e) Ich halte mich heraus, wenn andere streiten. Soll doch jeder sehen, wie er seine Meinung selber durchsetzen kann. ○
4. Gruppen müssen häufig Entscheidungen mit anderen Gruppen absprechen und koordinieren. Nach welchen Gesichtspunkten wählen Sie einen Gruppensprecher?
   a) Er soll unsere Meinungen am besten vertreten können, aber gleichzeitig auch flexibel genug sein, um unsere Position im Lichte der Argumente der anderen Gruppen so zu revidieren, dass eine optimale Entscheidung herauskommt. ○
   b) Er sollte unsere Position geschickt vertreten, aber alles vermeiden, was uns in eine Zwickmühle bringen könnte. ○
   c) Er soll kooperativ, freundlich und zurückhaltend sein, um Konflikte mit anderen Gruppen zu vermeiden. ○
   d) Er sollte hart verhandeln können, keine Zugeständnisse machen und unsere Position maximal durchsetzen. ○
   e) Ich würde jenen bevorzugen, der von vornherein auf Kompromisse eingeht. ○

Übung 11: Mein Konfliktstil – Auswertung

	Integrieren	Aushandeln	Nachgeben	Kämpfen	Vermeiden
1.	b	d	e	a	c
2.	a	e	d	c	b
3.	b	a	c	d	e
4.	a	e	c	d	b

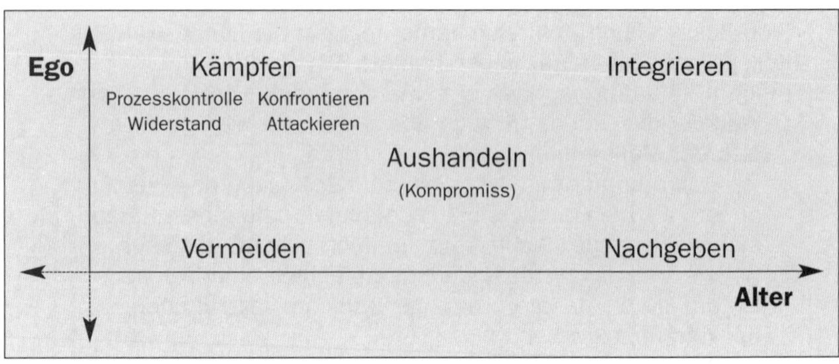

Abb. 25: Konfliktstile: Typologie

Die Stile Integrieren, Aushandeln, Nachgeben und Vermeiden sind in sich stimmig und leicht verständlich. Kämpfen dagegen ist komplex, es kann verdeckt (indirekt) oder offen (direkt) auftreten. Es leuchtet ein, den Stil Kämpfen entsprechend zu differenzieren (Evert Van de Vliert & Onne Jansson, 2001). Die Typologie umfasst danach fünf Konfliktstile.

Konfliktstil	Beschreibung
Integrieren	• Den Willen zu einer beiderseitig vorteilhaften Einigung betonen • Ressourcen erweitern, neue Optionen erschließen • Kompensationen anbieten • Zugrunde liegende (»eigentliche«) Bedürfnisse befriedigen
Aushandeln	• Streitpunkte differenzieren (fragmentieren) • Wechselseitig Konzessionen machen • Eigene Forderungen abschwächen bzw. Ziele reduzieren • Eine schnelle Lösung anstreben
Nachgeben	• Den starken Wunsch nach Harmonie und Zusammenarbeit ausdrücken • Forderung der Gegenseite hinnehmen bzw. annehmen • Sich unterordnen, sich fügen, gehorchen • Sich um jeden Preis (für sich selbst) einigen wollen

Abb. 26: Konfliktstile – Beschreibung

Vermeiden	• Dem Gespräch oder der Auseinandersetzung aus dem Weg gehen • Den Konflikt leugnen oder als irrelevant herunterspielen • Um das Thema herumreden, witzeln, unverbindlich bleiben • Kontakt abbrechen, sich mit dem Status quo begnügen
Kämpfen	• Offen (direkt) · Konfrontieren – Die Gegenseite auf meinen Frust aufmerksam machen – Strittige Punkte offen ansprechen · Attackieren – Drohen – Eigene Vorteile gegen die Gegenseite ausspielen • Verdeckt (indirekt) · Prozesskontrolle – Verfahren zum eigenen Vorteil nutzen – Agenda und Spielregeln auf sich Zuschneidern · Widerstand – Pläne der Gegenseite unterlaufen – Hinter dem Rücken der Gegenseite Bündnisse schmieden

Abb. 26 (Fortsetzung)

Anmerkungen:

- Es gibt nicht den besten Konfliktstil. Verschiedene Situationen können unterschiedliche Stile erfordern. Konfliktkompetenz zeichnet sich durch die Fähigkeit aus, den geeigneten Stil situativ wählen und flexibel variieren zu können.

- Jeder Mensch entwickelt eine persönliche Stilfolge. Er reagiert auf einen Konflikt mit einem bestimmten Stil und wechselt, wenn dieser nicht weiterführt, zu einem bestimmten anderen über. Die Abfolge wird zur Gewohnheit und von anderen leicht als für die Person typisch erkannt. – Übung 12 kann dazu dienen, die persönliche Präferenzfolge zu erkennen.

- Kämpfen (durchsetzen) kann offen oder verdeckt erfolgen. Die offene Form zeigt sich im heißen, die verdeckte im kalten Konflikt. Desgleichen kann Kooperation aktiv (integrieren, verhandeln) oder passiv (nachgeben, vermeiden) zum Ausdruck kommen.

- Integrieren und einen Kompmmiss aushandeln sind sozial akzeptierte Stile der Konfliktlösung. Die meisten Menschen nennen sie, wenn man sie fragt, wie man Konflikte am besten lösen soll. Was aber, wenn trotzdem keine Lösung zustande kommt? Dann fällt jeder auf seinen individuell programmierten, biografisch gelernten Konfliktstil zurück: Kämpfen oder Nachgeben oder Vermeiden. Auf welchen falle ich zurück? Andere wissen das!
- Konfliktverhalten ist eine komplexe Mischung verschiedener Stilelemente, nicht die isolierte Äußerung eines Stils. Paternalismus z. B. verbindet Nachgeben mit Fürsorge, eine diffizile Kombination aus Kämpfen, Integrieren und Nachgeben. Konfliktverhalten ist ein komplexes und mehrdeutiges Muster, in das verschiedene Elemente verwoben sind.
- Der einzelne Konfliktstil wird im Hinblick auf Effektivität und Angemessenheit unterschiedlich eingeschätzt:
  - effektiv: Erreicht man damit die Ziele – eigene oder fremde?
  - angemessen: Vermeidet man damit, die Beziehung bzw. die Spielregeln zu verletzen?

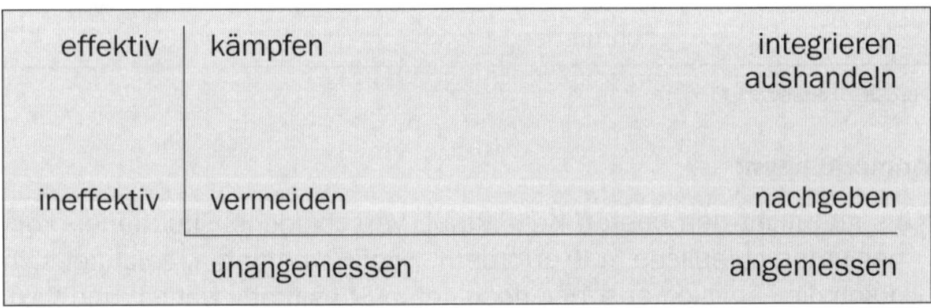

Abb. 27: Einschätzung der Konfliktstile

Konfliktlösung in der Partnerschaft

Paare leben von der Zuneigung zueinander, durch ihre Streitkultur entwickeln sie sich miteinander oder auseinander. Die Art und Weise, Konflikte auszutragen, bestimmt die Qualität der Beziehung weit mehr als die Themen, über die gestritten wird. Die Typologie der Konfliktstile ist auch geeignet, das Streitverhalten unter Paaren konkret zu benennen (Philipp Yorck Herzberg & Susan Sierau 2010).

Konfliktlösungsstil-Inventar für Paare

Kämpferischer Konfliktstil

- Persönlich angreifen oder beleidigen.
- Explodieren und außer Kontrolle geraten.
- Sich von der Wut hinreißen lassen und Dinge sagen, die man später bereut.
- Spitze Bemerkungen und Beleidigungen »loslassen«.

Positive Konfliktlösung

- Sich auf das vorliegende Problem konzentrieren.
- Sich zusammensetzen und in Ruhe über die Auseinandersetzung sprechen.
- Lösungen finden, die für beide akzeptabel sind.
- Dinge aushandeln und Kompromisse finden.

Rückzug

- Für längere Zeit nichts sagen.
- Wenn eine bestimmte Grenze erreicht ist, »zumachen« und mit dem Partner kein Wort mehr reden.
- Die andere Person nicht mehr beachten.
- Sich zurückziehen und kein Interesse zeigen.

Nachgiebigkeit

- Sich für die eigenen Interessen nicht einsetzen.
- Zu nachgiebig sein.
- Die eigene Position nicht verteidigen.
- Nachgeben, ohne die eigene Sichtweise zu vertreten.

Mit dem Inventar durchgeführte Untersuchungen zeigen einige für die Konfliktthematik interessante Ergebnisse (2010, ebd., 104):

- Herrscht die Neigung vor, Konflikte kämpferisch oder durch Nachgiebigkeit zu lösen, sind die Partner mit der Beziehung unzufrieden, zufrieden sind sie dagegen bei einem positiven Lösungsstil.

- Rückzug schafft nur äußerlich Frieden, innerlich sind die Partner unzufrieden.

- Die Konfliktstile sind relativ unabhängig von aktuellen Belastungen, sie drücken die typische Weise aus, wie Personen Konflikte zu lösen versuchen.

Übung 12: Meine Stilpräferenzen

Rollenspiele:

Situation A: »Beurteilungsgespräch«

Ein Vorgesetzter stuft Arbeitsqualität und -quantität eines Mitarbeiters als durchschnittlich ein (3 auf einer 5-stufigen Skala). Der Mitarbeiter ist anderer Ansicht, er hält seine Leistungen für mindestens gut (2) bis sehr gut (1). Der Vorgesetzte will den Mitarbeiter von der Beurteilung 3 überzeugen.

Situation B: »Haushaltsgeld«
Die Frau hat in den letzten Monaten das Haushaltskonto ständig überzogen. Der Ehemann will seine Frau veranlassen, die Ausgaben einzuschränken.

Situation C: »Der laute Kollege«

Vier Kollegen arbeiten zusammen in einem Büro. Einer hat die Angewohnheit, Gespräche (am Telefon, mit Kunden oder Kollegen) laut zu führen und häufig in dröhnendes Gelächter auszubrechen. Einem Kollegen geht das auf die Nerven; er will den Lauten bewegen, künftig leiser zu sprechen.

Anweisung:

Mitarbeiter, Ehefrau und der laute Kollege beharren auf ihrer Meinung bzw. ihrem bisherigen Verhalten. Vorgesetzter, Ehemann und Kollege versuchen, ihren Gesprächspartner trotzdem zu einer Änderung zu bewegen.

Die Beobachter halten fest und melden zurück:
- Mit welchem Stil beginnen die drei (Vorgesetzter, Ehemann, Kollege), und mit welchem enden sie?
- Welche unterschiedlichen Konfliktstile setzt jeder ein?

Das Konfliktsyndrom

Nach Morton Deutsch (1976) ergeben vier zentrale Konfliktsymptome zusammen das zwischenmenschliche Konfliktsyndrom. Die Symptome verstärken sich ständig selbst und schaukeln sich gegenseitig hoch. Tritt in einer Beziehung oder Gruppe ein Symptom auf, dann stellen sich über kurz oder lang auch die anderen Symptome ein. Die Kenntnis des

Konfliktsyndroms gibt einem aufmerksamen Beobachter, z. B. dem Vorgesetzten, zwei wichtige Hinweise, einen Konflikt rechtzeitig zu erkennen und ihn herabzuregulieren.

- Die Symptome sind die ersten Konfliktsignale, die das prophylaktische Warnsystem aktivieren sollten. Erfahrungsgemäß komplettieren sich die zunächst harmlosen Dissonanzen rasch zum vollständigen Konfliktsyndrom. Als Grundsatz gilt: Je früher Konflikte angegangen (thematisiert) werden, desto leichter sind sie zu bewältigen. Jedes Konfliktsymptom bietet Eingriffsmöglichkeiten.
- Die Symptome liefern auch die Ansatzpunkte für eine Deeskalation. Der Konfliktkreis funktioniert nicht nur progredient, sondern auch regredient. Die gleichen Elemente – Kommunikation, Wahrnehmung, Einstellung und Zielbezug – sind bei der Eskalation wie der Deeskalation am Werk, allerdings in unterschiedlicher Richtung. Einen Konflikt verhindern oder deeskalieren heißt also: offene Kommunikation praktizieren, Wahrnehmungsverzerrungen zurechtrücken, vertrauensbildende Maßnahmen ergreifen und gemeinsame Ziele vereinbaren (siehe Abb. 28).

2.1.2.4 Der Verlauf

Konflikte bleiben nicht in einem statischen Zustand, auch wenn chronische zu stagnieren oder stillzustehen scheinen. Jeder Konflikt hat seine Geschichte: Er beginnt zwischen konkreten Personen zu einem ganz bestimmten Zeitpunkt, nimmt an Intensität zu oder ab, ändert Eigenart und Gestalt. Deshalb ist die beobachtbare Form nur für einen gegebenen Zeitpunkt aussagefähig. Schon die Gegenwart eines Beobachters oder das Eingreifen einer dritten Partei verändert ihn. Konflikte haben zudem eine Eigendynamik. Der Lösungsdruck ist Energie pur, die entweder von der Person beherrscht wird oder die Person beherrscht. Entweder bringt die Person die Energie unter Kontrolle und bindet sie in einer Lösung (Regelung) oder die Energie entlädt sich destruktiv in spontaner Eskalation.

Eine Partei kann natürlich den Konflikt auch absichtlich (strategisch) eskalieren, indem sie die Bedingungen für eine Eskalation setzt. Damit geht sie aber ein unkalkulierbares Risiko ein, sie kann zwar den Konflikt anheizen, aber nicht bestimmen, wie die Gegenseite zu reagieren hat. Wer spontan eskaliert, liefert sich aus, genauer: verliert die Kontrolle.

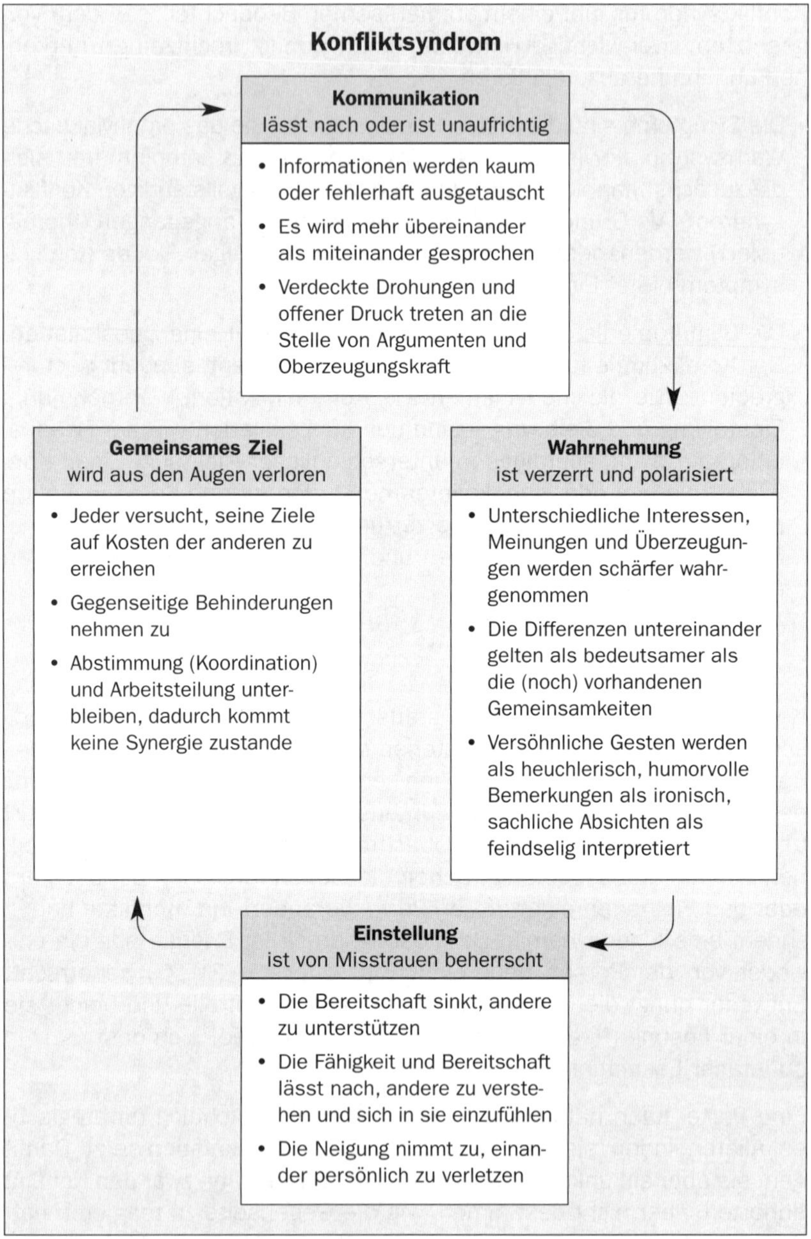

Konfliktsyndrom

Kommunikation
lässt nach oder ist unaufrichtig

- Informationen werden kaum oder fehlerhaft ausgetauscht
- Es wird mehr übereinander als miteinander gesprochen
- Verdeckte Drohungen und offener Druck treten an die Stelle von Argumenten und Oberzeugungskraft

Wahrnehmung
ist verzerrt und polarisiert

- Unterschiedliche Interessen, Meinungen und Überzeugungen werden schärfer wahrgenommen
- Die Differenzen untereinander gelten als bedeutsamer als die (noch) vorhandenen Gemeinsamkeiten
- Versöhnliche Gesten werden als heuchlerisch, humorvolle Bemerkungen als ironisch, sachliche Absichten als feindselig interpretiert

Einstellung
ist von Misstrauen beherrscht

- Die Bereitschaft sinkt, andere zu unterstützen
- Die Fähigkeit und Bereitschaft lässt nach, andere zu verstehen und sich in sie einzufühlen
- Die Neigung nimmt zu, einander persönlich zu verletzen

Gemeinsames Ziel
wird aus den Augen verloren

- Jeder versucht, seine Ziele auf Kosten der anderen zu erreichen
- Gegenseitige Behinderungen nehmen zu
- Abstimmung (Koordination) und Arbeitsteilung unterbleiben, dadurch kommt keine Synergie zustande

Abb. 28: Merkmale des zwischenmenschlichen Konflikts (nach Deutsch 1976)

Konflikt als		
Debatte Kontroverse	**Spiel** Aktionen	**Kampf** Schläge
• Die andere Partei gilt als Partner, der überzeugt werden soll • Die Debatte wird mit Worten geführt • Die Parteien benutzen dazu rhetorische Argumentationsfiguren und psychologische Einflusstaktiken	• Die andere Partei gilt als Gegner, der besiegt werden soll • Das Spiel lebt von geschickten Spielzügen, d. h. Aktionen, die den Gegner in die Enge treiben und zum Aufgeben nötigen sollen • Nicht alle Mittel sind erlaubt, die Akteure respektieren gewisse Spielregeln	• Die andere Partei gilt als Feind, der persönlich getroffen, unterdrückt, geschädigt, ja schließlich vernichtet werden soll • Im Kampf ist jedes Mittel recht, auch Gewalt
• Die Debatte ist nur sinnvoll, wenn es eine richtige (oder wahre) Meinung gibt, die andere Seite aber entweder nicht hinreichend informiert ist oder nicht logisch zu denken vermag	• Ein Spiel setzt voraus, dass die Parteien möglichst gleich stark sind • Zwischen ungleichen Parteien kommt es entweder zu verdeckten Aktionen oder gleich zum Kampf	• Ein Konflikt nimmt dann die Form eines Kampfes an, wenn die andere Partei als alleinige Ursache des Übels angesehen wird
• Konflikt als Debatte ist beendet, wenn eine Seite die Argumente der anderen übernommen hat, d. h. sich hat überzeugen lassen	• Konflikt als Spiel ist beendet, wenn (auch durch Dritte) feststeht, welche Seite gewonnen und welche verloren hat	• Konflikt als Kampf ist beendet, wenn eine Seite die andere ausgeschaltet hat
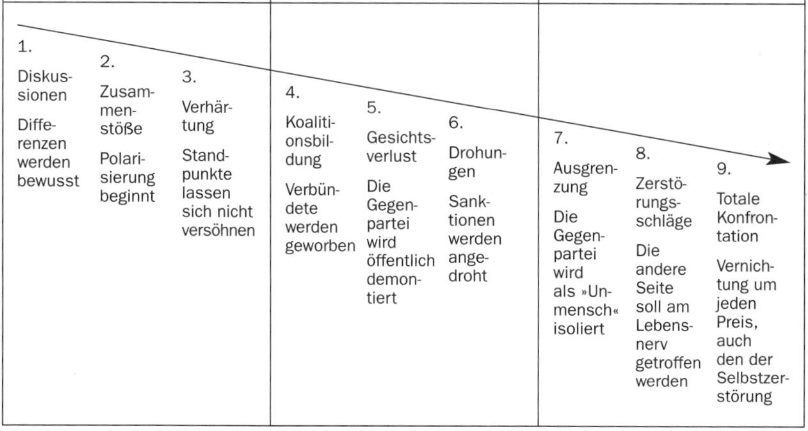 1. Diskussionen – Differenzen werden bewusst 2. Zusammenstöße – Polarisierung beginnt 3. Verhärtung – Standpunkte lassen sich nicht versöhnen	4. Koalitionsbildung – Verbündete werden geworben 5. Gesichtsverlust – Die Gegenpartei wird öffentlich demontiert 6. Drohungen – Sanktionen werden angedroht	7. Ausgrenzung – Die Gegenpartei wird als »Unmensch« isoliert 8. Zerstörungsschläge – Die andere Seite soll am Lebensnerv getroffen werden 9. Totale Konfrontation – Vernichtung um jeden Preis, auch den der Selbstzerstörung

Abb. 29: Eskalationsstufen eines Konflikts

Die Kunst kalkulierter Eskalation liegt in der ausgewogenen Balance eskalierender und deeskalierender Momente. Nur wer beide Strategien gekonnt zu mischen vermag, beherrscht den Konflikt, nicht der Konflikt ihn.

Die Konfliktdynamik treibt den Konflikt, wenn niemand dämpfend eingreift, in drei sich steigernden Phasen voran: Debatte, Spiel und Kampf (Anatol Rapaport, 1976), die Friedrich Glasl (2002) nochmals dreifach untergliedert (siehe Abb. 29).

Es braucht Bewusstheit und Entschiedenheit wenigstens einer Seite, den Konflikt innerhalb der ersten Hauptphase zu halten, also die Auseinandersetzung verbal zu führen und nicht zum Agieren überzugehen. Eine typische Eskalationsabfolge könnte folgendermaßen aussehen:

Debatten stehen meist am Beginn eines Konflikts: Die Parteien reden, ja streiten miteinander, tragen ihre Meinungsverschiedenheiten mit Worten aus. Sie verstehen einander noch als Partner, die etwas Gemeinsames verbindet. Bringt das Diskutieren keine Einigung, treibt der Konflikt früher oder später eine Seite weiter, sie verliert die Geduld und lässt nun

↓

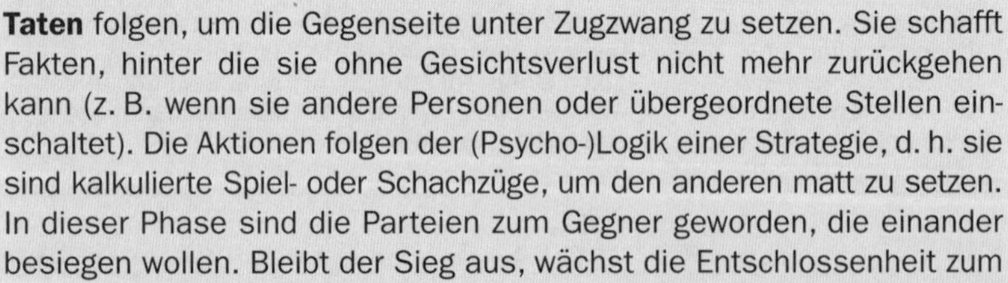

Taten folgen, um die Gegenseite unter Zugzwang zu setzen. Sie schafft Fakten, hinter die sie ohne Gesichtsverlust nicht mehr zurückgehen kann (z. B. wenn sie andere Personen oder übergeordnete Stellen einschaltet). Die Aktionen folgen der (Psycho-)Logik einer Strategie, d. h. sie sind kalkulierte Spiel- oder Schachzüge, um den anderen matt zu setzen. In dieser Phase sind die Parteien zum Gegner geworden, die einander besiegen wollen. Bleibt der Sieg aus, wächst die Entschlossenheit zum

↓

Kampf als letztem Mittel, den Konflikt zu beenden. Den Anfang machen zivilisierte Mittel (z. B. der Rechtsweg). Sind auch diese ausgeschöpft, fallen alle Hemmungen: Drohungen nehmen an Heftigkeit zu, der Einsatz illegaler Methoden (Sabotage, Mobbing) steigert sich bis zur physischen Gewalt – alles mit dem Ziel, den Feind, zu dem die Gegenseite inzwischen geworden ist, in die Knie zu zwingen. Im äußersten Fall wird auch die eigene Selbstvemichtung in Kauf genommen (»Rosenkrieg«).

Beispiele		
Zwei Mitglieder einer Projektgruppe finden den Zeitplan des Projektleiters absolut unrealistisch. In der Projektgruppe bricht ein Streit über realistische Meilensteine aus.	Zwei Kollegen konkurrieren um die Leitung eines prestigeträchtigen Großprojekts. Beide suchen einander durch gezielte Aktionen auszubooten: Gerüchte, Allianzen, Kontakte zum oberen Management usw.	Das Vertriebskonzept des jungen Chefs will ein erfahrener Vertriebsmann nicht mittragen. Der neue Chef stellt ihn nach kurzer Zeit vor die Alternative, freiwillig in eine andere Abteilung zu wechseln oder rauszufliegen.

Eskalation hat verschiedene Ursachen. Eine ist die Verschränkung von Erleben und Verhalten, die sich in der Interaktion wechselseitig hochschaukeln und den zwischenmenschlichen Teufelskreis produzieren.

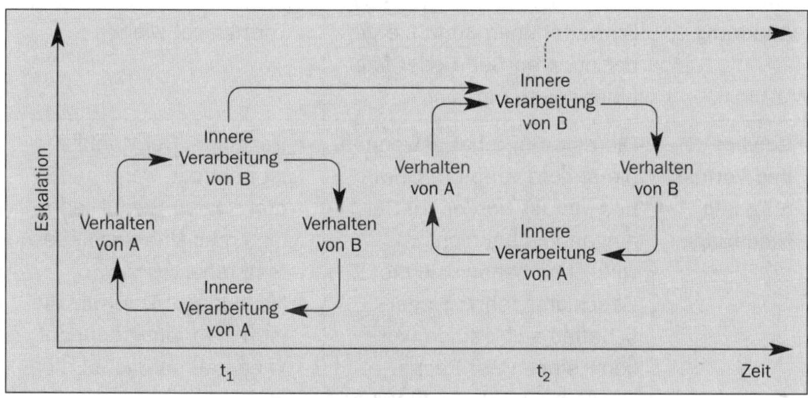

Abb. 30: Der zwischenmenschliche Teufelskreis

Thesen zum Teufelskreis

- Der Teufelskreis besitzt seine eigene Dynamik: Sie bezieht ihre Energie aus Ereignissen im Leben der Personen, die mit diesem Konflikt nichts zu tun haben, aber in ihn hinein getragen werden (Projektion). Sie wirken als biografische Drallkräfte.
- Der Teufelskreis verleitet zu einer externalen Attribuierung und folglich zu einer Verlagerung der Verantwortung. »Weil du ..., muss ich ...«. Jeder fühlt sich als Opfer (unschuldig), keiner als Täter (schuldig). Beide fühlen sich im Recht.

- Einsicht allein ändert nichts, da die Akteure Teil des Problems sind. Gespräche sind von vornherein mit Misstrauen belastet. Nur eine dritte Partei vermag im wahrsten Sinn des Wortes den Teufelkreis zu durchbrechen. Aus dem Teufelskreis führt nur ein Weg: Mach mal was anders!

2.1.2.5 Ergebnis und Folgen

Ein Konflikt kann mehrere Konfliktepisoden durchlaufen, bis er zu einem, wenn auch nur vorläufigen, Ende kommt. Die Ergebnisse können auf drei Ebenen liegen.

Ergebnis	Vorgang	Folge
Überzeugung und Änderung	Eine oder beide Seiten ändern ihre Überzeugungen, Einstellungen und Verhaltensweisen: Entweder übernimmt sie die der anderen Seite oder folgt einer neuen Einsicht.	• Lösung: Der Konflikt ist tatsächlich beendet, er kehrt (zumindest in dieser Form) nicht wieder.
Gewinn und Verlust, Sieg und Niederlage	Die eine Seite hat gewonnen, die andere verloren. Gewinn und Verlust werden im Spiel hingenommen, nicht im wirklichen Leben, wie die Geschichte lehrt: Sieger schaffen sich Feinde, Verlierer sinnen auf Rache. Deshalb sind durch Sieg und Niederlage zustande gekommene Ergebnisse stets vorläufiger Natur, sie gelten so lange, wie die gegenwärtigen Machtverhältnisse andauern.	• Regelung: Der Konflikt ist beendet, wenn nach den Regeln Sieg, Niederlage oder Unentschieden feststehen. • Neuauflage: Der Konflikt ist nur vorläufig beendet, Wiederaufnahme ist möglich. • Wiederkehr: Eine Partei akzeptiert nicht das Ergebnis, oder der falsche Konflikt (»Scheinkonflikt«) ist ausgetragen worden.
Schadensannahme und Neubeginn	Nach einer totalen Konfrontation bleibt den Überlebenden nichts anderes übrig, als den Schaden zu registrieren und einen Neuanfang zu wagen.	• Verinnerlichung: Da die Gegenseite ausgeschaltet ist, kann der Schmerz (Schaden bzw. Verlust) nur innerlich bewältigt werden.

Abb. 31: Ergebnis und Auswirkungen eines Konflikts

Das Zusammenspiel von Ergebnis und Folge hängt mit der psycho-sozialen Natur des menschlichen Konfliktaustrags zusammen, nämlich der Fähigkeit, Konflikte sowohl seelisch (in der Person) als auch sozial (mit anderen) auszutragen. Ein Konflikt, der nach Einschätzung aller Beobachter auf der sozialen Ebene beendet ist (Ehescheidung), kann noch lange im Inneren einer Partei weitergehen. Hiob, dieser alt-testamentliche Gottesankläger, bezeugt, dass ein Mensch Verluste nur schwer, wenn überhaupt verwinden kann; wenn die äußeren Feinde fehlen, dann hadert er eben mit Gott.

3 Konflikte bewältigen

Die emotionale und gedankliche Auseinandersetzung mit dem Phänomen Konflikt soll die Grundlage schaffen, auf der Menschen lernen, mit ihm sachlich angemessen, sozial verträglich und ethisch verantwortlich umzugehen. Denn der Konflikt kann so, wie er spontan auftritt, nicht einfach hingenommen werden, er verlangt nach einem ordnenden, gestaltenden Geist. Ohne sein Einwirken entwickeln Konflikte eine explosive Kraft und destruktive Dynamik; die menschliche Geschichte und die Erfahrung jedes Einzelnen bezeugen das zur Genüge. Konfliktbewältigung tut nicht nur von der Sache her Not, sie ist zuvorderst humane Pflicht. Wir befassen uns mit Konflikten nicht aus theoretischer Neugier, sondern aus moralischer Überzeugung. Die Umgangsweise mit Konflikten formt oder verformt den Charakter einer Person, ordnet oder zerrüttet menschliche Gemeinschaften, befriedet oder befeindet den Verkehr der Staaten untereinander.

3.1 Grundsätzliches zur Konfliktbewältigung

In der Literatur stößt man für den Umgang mit Konflikten auf verschiedene Begriffe: Lösung, Bewältigung, Handhabe, Management, Regelung usw. Sprache schafft Wirklichkeit, deshalb ist es keine Wortklauberei, Begriffe sorgfältig zu wählen. Konfliktlösung weckt spontan die Assoziation an Problemlösung. Ein Problem ist gelöst, wenn es beseitigt und aufgehoben ist: Es beschäftigt uns nicht mehr. Konflikte sind jedoch von anderer Art. Die Agenten eines Konflikts sind Menschen mit eigenen Vorstellungen und Ambitionen, sie verschwinden nicht, sondern existieren weiter. Um einen Konflikt endgültig zu lösen, muss man zwangsläufig auch die Träger beseitigen. Das Wort »Endlösung« benennt präzise das Ergebnis, zu dem die Logik des Lösungsdenkens führt. Im Hinblick auf dieses historische Erbe scheint es angebracht, nicht mehr von »Konfliktlösung« zu sprechen, sondern von »Konfliktbewältigung«. Das mag übertrieben erscheinen, zumal »Lösung« eleganter klingt und eingängiger ist. Doch dies ist der Preis, der für radikale Lösungen immer zu bezahlen ist. Sie verwehren dauerhaft den Gebrauch einst unverdächtiger Worte.

Konfliktbewältigung zielt darauf ab, einen Konflikt so in den Griff zu kriegen und zu meistern, dass die Person (Partei) in ihrem Erleben (nicht mehr) eingeschränkt und (wieder) voll handlungsfähig ist. Offen bleibt, wie das Ergebnis der Bemühungen aussieht. Der Konflikt kann tatsächlich beendet sein, er kann aber auch auf anderer Ebene weiter existieren (z.B. im Inneren), jedoch so gefasst, dass er nicht mehr lähmt und bedrückt. Die Person (Partei) hat gelernt, mit dem Konflikt zu leben. Der Konflikt ist nicht gelöst, aber bewältigt, er beherrscht nicht die Person, sondern sie ihn.

Die Bezeichnung Konfliktbewältigung verweist auf die Eigenschaften, die eine konfliktfähige Person auszeichnen, bestimmt die Prinzipien und Grenzen der ethischen Bewertung von »Lösungen« und ordnet den Raum für eine differenzierte Einteilung der Konfliktformen.

3.1.1 Die konfliktfähige Persönlichkeit

Konflikte haben eine zirkuläre Gestalt: Sie beginnen innerlich (Person), manifestieren sich äußerlich (Verhalten) und kehren wieder in das Innere zurück (siehe Kap. 3.4.1), entweder um zu einem neuen (erweiterten, intensiveren) Kreislauf anzusetzen oder in der Person (eingekapselt, diffus) zu verbleiben. Es hängt in hohem Maße vom Menschen selbst ab, ob und welche Konflikte entstehen, wie sie verlaufen und enden. Denn immer sind es Menschen, die Konflikte austragen – nicht anonyme Kräfte, entpersonalisierte Herrschaftsverhältnisse oder institutionalisierte Strukturen.

Was befähigt einen Menschen, Konflikte zu bewältigen: sachlich angemessen, menschlich verträglich, moralisch lobenswert? Kurz: Was zeichnet die konfliktfähige Person aus? Die Grundkonstellation eines Konflikts gibt einen Fingerzeig. Jeder Konflikt stört, er unterbricht das intentionale Streben, erzeugt ein Ungleichgewicht. Die Person kann diesen Einbruch nicht ignorieren, ihr Erleben und Verhalten ist merklich beeinträchtigt, auch wenn sie dies nicht wahrhaben will (verdrängt). Sie muss, bewusst oder nicht, auf den Konflikt eingehen. Formalisiert:

$$P \rightarrow | Z$$

Was braucht die Person, um mit dieser Anspannung (Belastung) fertigzuwerden? Die Fähigkeit, trotz des Drucks handlungsfähig zu bleiben. Die Person muss quasi einen inneren Resonanzraum haben, der den Druck abfedert, absorbiert und in zweckmäßiges Handeln lenkt. Die

Merkmal	Die konfliktfähige Persönlichkeit kann und will
Flexibilität und Identität	auf Menschen und Situationen eingehen und dennoch eigene Ziele im Blick behalten.
Selbstwert und Dienst	einen festen Charakter ausbilden und dennoch einer Idee und anderen dienen.
belastbar und handlungsfähig	unklare oder widersprüchliche Situationen aushalten und dennoch entschieden und verlässlich handeln.
Autonomie und Heteronomie	eine persönliche Meinung vertreten und dennoch zu Kompromissen bereit sein.
Vertrauen und Vorsicht	anderen vertrauen und etwas zutrauen und dennoch Vorsicht walten lassen und mit Enttäuschung rechnen.
Ethos und Toleranz	einer klaren Werteordnung folgen und dennoch die Werte anderer respektieren.

Abb. 32: Kennzeichen der Konfliktfähigkeit

Weite und Konsistenz dieses Puffers, um bei dem Bild zu bleiben, hängt von Zügen ab, die in sich selbst spannungsgeladen sind und eine gewisse Beweglichkeit zulassen (siehe Abb. 32).

- Die konfliktfähige Person besitzt eine innere Spannweite, eine »Ausdehnung der Seele«, wie der Hl. Augustinus sagt, die es gestattet, unterschiedliche, ja gegensätzliche Regungen aneinander zu binden und dadurch zu bändigen.
- Die konfliktträchtige Person dagegen ist eingeengt (von lat. angustia = Angst) und starr (rigide), Gegensätze zerreißen oder lähmen, Spannungen vermag sie nicht auszuhalten, sie muss sie nach außen (explosiv) oder nach innen (implosiv) entladen. Konfliktfähig wird die Person, indem sie in sich selbst Konflikte aushält und erträgt.

Die ersten (fünf) Merkmale umschreiben die klassische Tugend der Klugheit. Sie vermag »das Zuträgliche und Abträgliche abzuwägen und zu unterscheiden« (Epikur). Klugheit setzt selbst keine Ziele oder Werte, sie ist instrumentell und »denkt nur an die geeigneten Mittel ... Die Klugheit herrscht nicht (dazu eignen sich Gerechtigkeit und Liebe besser), aber sie regiert« (Andre Comte-Sponville, 1996, S. 47).

Klugheit ist heute in Verruf geraten. Wer taktisch agiert, pfiffig seinen Vorteile wahrt, clever andere über den Tisch zieht, überall seinen Nutzen zu maximieren versteht, der handelt, so meinen wir, klug. Damit verkommt Klugheit zu einer ethisch verbrämten Form von Opportunismus. Doch die klassische Tradition nennt nicht ein Verhalten klug, sondern eine Person (Andreas Luckner, 2005, S. 4). Natürlich kann eine kluge Person auch ihren Vorteil suchen und geschickt nutzen, doch sie wird dies nicht um jeden Preis tun. Klugheit als Tugend will das Leben optimal gestalten, nicht maximal ausreizen.

Dass das Verständnis von Klugheit heute in sein Gegenteil verkehrt ist, ist Folge der Trennung von Ethik und Alltag. Im Alltag treiben wir business as usual und haben Ethik in eine separate Sphäre ausgelagert; sie wird nur für Hochglanzbroschüren animiert. Effizienz (Erfolg) und Moral (Ethik) stehen in der Moderne unverbunden nebeneinander. Wer strategisch denken will, muss Moral ausblenden. Er handelt intelligent und effizient, nicht aber, im Sinne der Tugendlehre, klug oder weise (Karl Berkel 2013, 125 ff.). Erfolgsschlau kann lebensdumm sein.

Konfliktfähigkeit ist die fundamentale Voraussetzung jeder Charakterbildung. Der Mensch formt seinen Charakter, indem er lernt, innere Spannungen (widersprüchliche Gefühle, entgegengesetzte Antriebe, Wertedilemmata) in sich zuzulassen und zu beherrschen. Charakter hat, wer Konflikte aushalten und austragen kann, ohne auszurasten oder zu erstarren, ohne andere oder sich selber krank zu machen.

3.1.2 Ethische Bewertung der Konfliktbewältigung

Die Bewältigung von Konflikten erfolgt durch Menschen und betrifft Menschen. Direkt Beteiligte wie indirekt Betroffene messen eine Konfliktbewältigung nicht nur daran, ob sie funktioniert, sondern ob Prozess und Ergebnis gut und richtig gewesen sind. Gut und richtig betreffen aber ethische Qualitäten. Daran bestätigt sich die philosophische Erkenntnis, dass der Konflikt der originäre Ausgangspunkt, die ursprüngliche »Entstehungsstelle« der Ethik ist (Eduard Spranger 1966, 283).

Die Sozialwissenschaften, auch die Psychologie, sind weder kompetent noch befugt, selber ethische Maßstäbe zu setzen. Sie haben allerdings Verweischarakter, sie können und müssen auf die Werte, Normen und Tugenden hinweisen, die sie den eigenen Interventionskonzepten und Beratungspraktiken als normativen Maßstab zugrunde legen. Nach Anatol Pikas (1974) sollte es nicht schwerfallen, sich auf vier Werte zu verständigen, um eine Konfliktbewältigung ethisch als konstruktiv anzuerkennen oder als destruktiv abzulehnen (siehe Abb. 33).

Wert	**Destruktiv abzulehnen**	**Konstruktiv anwendbar**
Leben	• Vernichtet die physische, seelische oder geistige Existenz (nekrophil). • Entwürdigt und missachtet.	• Bewahrt und fördert Lebensformen (biophil). • Wahrt Würde und Achtung.
Selbst-bestimmung	• Unterdrückt Meinungs- und Handlungsfreiheit.	• Gewährt und fordert mündige Eigenverantwortung.
Gerechtigkeit	• Ignoriert fundamentale – menschliche Bedürfnisse, – soziale Belange, – sachliche Forderungen.	• Gestaltet Gerechtigkeit klug: – Fairness bei Leistungen, – Gleichheit bei Rechten, – Bedürfnis bei Bedürftigkeit.
Wechsel-seitigkeit	• Schafft Abhängigkeit. • Benutzt andere.	• Befolgt die »Goldene Regel«.

Abb. 33: Ethische Bewertung der Konfliktbewältigung

Kaum jemand wird diesen Werten widersprechen, solange sie abstrakt bleiben. Strittig wird es, wenn man sie konkretisiert und verhaltensnah zu umschreiben sucht. Der Disput um die richtige Interpretation von Leben, Selbstbestimmung usw. kann selbst zum Wertkonflikt anwachsen (siehe Kap. 3.3.1.3). Werte geben erste Richtungshinweise für die ethische Beurteilung. Gehaltvoller und verbindlicher sind Normen, die präzise bestimmen, was eine Konfliktbewältigung als (un)ethisch qualifiziert. In den letzten Jahren ist besonders der Gedanke der Gerechtigkeit in den Blick gerückt. Eine Konfliktbewältigung gilt als ethisch, weil gerecht (fair), wenn die Beteiligten sich fair zueinander verhalten und sich fairer Methoden bedienen (siehe Abb. 34). Externe Fachleute (Forscher, Berater, Trainer, Moderator, Mediator), die zur Prophylaxe und Bewältigung betrieblicher Konflikte herangezogen werden, sollten nicht nur wissenschaftlich fundierte Methoden kompetent handhaben, sondern auch ihr Handeln (Konzeption und Durchführung) ethisch verantwortlich begründen (können). Ethisch begründet handeln sie, wenn sie den Prinzipien der Gerechtigkeit (als Fairness) folgen. Sofern sie davon abweichen, verlieren sie ihre Glaubwürdigkeit und dadurch die Zustimmung zu Prozess und Ergebnis der Konfliktbewältigung.

Prozedurale Gerechtigkeit	
Faires Verhalten Der menschliche Aspekt	**Faires Verfahren** Der formale Aspekt
• **Rücksichtnahme:** Offen, aufgeschlossen, freundlich. • **Integrität:** Glaubwürdig durch Bemühen um Objektivität und Ausgewogenheit. • **Flexibilität:** Ausnahmen von den Regeln werden zugelassen, wenn sie begründet sind. • **Rückmeldung:** Rasches Feedback erhöht den Dispositionsspielraum. • **Aufklärung:** Über die Hintergründe des Konflikts wie über die Folgen einer (Nicht-)Einigung.	• **Beteiligung:** Betroffene werden eingebunden. • **Konsistenz:** Verfahren wahrt Chancengleichheit. • **Unvoreingenommenheit:** Unparteiische Haltung der dritten Partei mindert deren Interesse an einer Lösung. • **Genauigkeit:** Alle entscheidungsrelevanten Informationsquellen werden genutzt. • **Moralische Grundrechte:** Kein Eingriff in die Privatsphäre, keine Diskriminierung.

Abb. 34: Bedingungen einer gerechten Konfliktbewältigung

3.1.3 Formen der Konfliktbewältigung

Konfliktbewältigung umfasst alle Konzeptionen und Methoden, die die Beteiligten selbst oder eine dritte Partei (Berater, Vermittler, Schlichter, Machtinstanz) in und mit einem Konflikt unternehmen, um, allein oder gemeinsam, (wieder) situationsgerecht erleben und zielorientiert handeln zu können.

Die Konfliktbewältigung in Organisationen gewinnt ihre spezifische Form durch den »Ort« des Konfliktaustrags: in der Person des Mitglieds (seelisch), in der Beziehung zwischen Arbeitskollegen (zwischenmenschlich) oder in der Führungsaufgabe (organisatorisch im engeren Sinn) (siehe Abb. 35). Seelische Konflikte äußern sich als Entscheidungs- oder Rollenkonflikte; die Führungsaufgabe untergliedert sich nach den drei Strategien (»Hebeln«) des Konfliktmanagements: das Konfliktpotenzial zu andern (Prophylaxe oder Stimulierung), das Thema (Sache, Beziehung, Werte) nach der jeweiligen Logik zu bearbeiten, die eigene Rolle aktiv (Konfliktregler) oder passiv (Delegation an einen Moderator) zu gestalten. Konflikte zwischen Kollegen schließlich sind am besten durch das kooperative Konfliktgesprach, ggf. auch eine hart und fair geführte Verhandlung konstruktiv beizulegen. Das kooperative Konfliktgesprach wird in seinen sechs Phasen (siehe Abb. 49) ausführlich dargestellt.

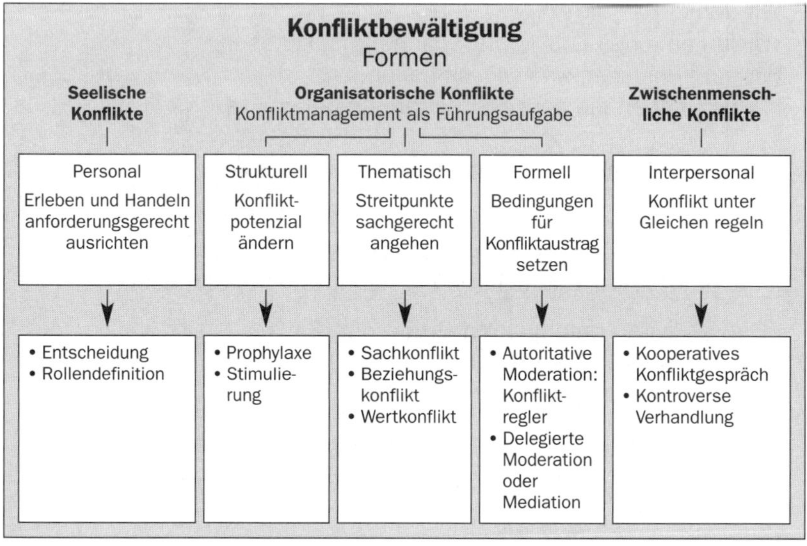

Abb. 35: Formen der Konfliktbewältigung

Konflikten wohnt ein Lösungsdruck inne. Sie können nicht über längere Zeit offen bleiben, sie drängen auf eine Entscheidung, eine Beendigung. Weshalb? Damit der Mensch wieder voll erleben und aktiv handeln kann. Wir befassen uns mit Konflikten nicht aus theoretischem Interesse, sondern weil wir erkennen und lernen wollen, wie wir mit solchen Drang- und Spannungssituationen umgehen können.

Uberlegungen zur Konfliktbewältigung zielen in zwei Richtungen:

- Wie sind Konflikte zu verhindern? Wie gelingt es, ihr Auftreten zu verringern? Warm ist es ratsam, sie zu unterdrücken?
- Wie sind Konflikte, wenn sie schon ausgebrochen sind, zu meistern, so dass sie keinen Schaden verursachen? Wie gelingt es gar, sie nutzbar zu machen?

3.2 Seelische Konfliktbewältigung

Ein innerer Konflikt, so berichten Personen auf Befragen (Hans Thomae, 1974), zeigt folgende Merkmale:

- Wir selbst (unser Ego) sind betroffen.
- Wir denken an die Folgen.
- Wir fühlen einen Druck, die Spannung aufzulösen.
- Wir sind unsicher, was wir tun sollen.
- Wir empfinden die ganze Situation als belastend.

Übung 13: Seelische Konflikte bewusst machen

Versetzen Sie sich in eine entspannte Lage. Denken Sie nun an eine Situation in der letzten Zeit, in der Sie sich innerlich besonders angespannt, reizbar, bedrückt oder gelähmt empfunden haben.

- Gab es einen erkennbaren Grund oder Anlass?
- Waren andere Personen daran schuld?

Wenn Sie beide Fragen mit »nein« beantworten, sollten sie allein oder mit jemand anderem prüfen, welche gegensätzlichen oder unvereinbaren Tendenzen Sie in sich spüren, die diesen Zustand herbeigeführt haben.

3.2.1 Formen seelischer Konfliktbewältigung

Der Literatur sind vielfältige Formen seelischer Konfliktbewältigung zu entnehmen, die Psychoanalyse hat sie um die vom Unbewussten erzeugten bereichert. Generell lassen sich direkte und indirekte Formen unterscheiden. In Organisationen treten diese Formen bei Entscheidungs- und Rollenkonflikten auf.

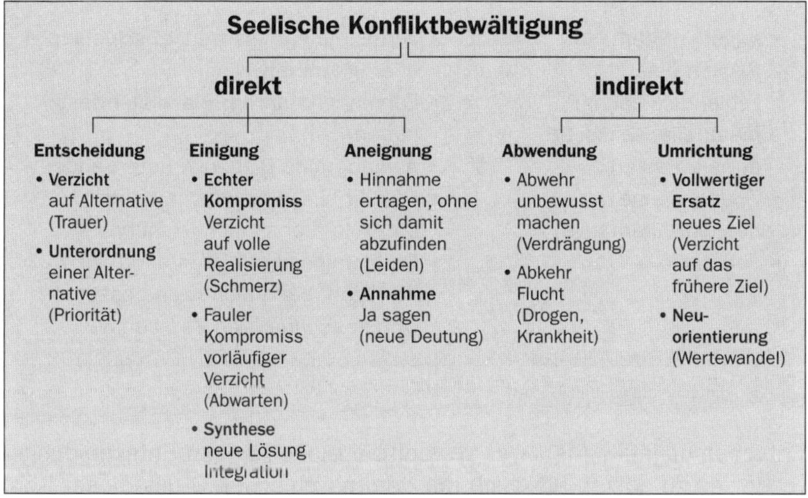

Abb. 36: Formen seelischer Konfliktbewältigung (fett: reife, »erwachsene« Formen)

Jeder Konflikt ist auch eine persönliche Herausforderung. Weder Flucht in die Krankheit noch resignierter Verzicht bringen den Menschen weiter. Unreife Formen der Konfliktbewältigung verlängern die kindliche Erlebensweise, bekleiden neue Situationen mit alten Gefühlen (»Übertragung«). Wer nicht von liebgewordenen Vorstellungen, unerfüllten Wünschen, begehrten Dingen Abschied nehmen oder andere Menschen in die Freiheit entlassen kann, »klebt« an seiner Kindheit, sperrt sich in sie ein, weigert sich, seine Persönlichkeit auszuweiten. Reife bedeutet, jemanden oder etwas aufzugeben, um in die Weite der vollen Wirklichkeit hineinzuwachsen.

3.2.2 Entscheidungskonflikt

Entscheidungen gehören zum Alltag, auch und besonders von Führungskräften. Wichtige Entscheidungen fordern uns, wir sind innerlich angespannt. Die Reaktion darauf ist irgendwo auf dem Kontinuum zwischen Unruhe (Nervosität, Schlaflosigkeit, Hektik, Gereiztheit, Appetitlosigkeit) und Lähmung (bedrückt, müde, ausgepowert, lahm, lustlos, Esssucht) einzuordnen. Allein die Problemlösung ist konstruktiv, weil sie dem dreifachen Stress des Entscheidungskonflikts entgegenwirkt.

Entscheidungsdruck		**Reaktionsformen**
• Angst vor den Risiken einer Fehlentscheidung: materielle, seelische, soziale Kosten • Zweifel (keine bessere Alternative) • Zeitdruck	→	• Vermeidung: aussitzen, abschieben oder ignorieren • Lähmung: starr am Bisherigen festhalten • Aufgabe: das Bisherige sofort ändern • Hektik: hin und her schwanken, im Kreis drehen, schwarzsehen • **Problemlösung:** Nutzen und Risiko abwägen, beharrlich nach besserer Option suchen, sich Zeit nehmen

Abb. 37: Entscheidungskonflikt (fett: konstruktive Bewältigung)

Entscheidungsfähig ist, wer sowohl die einschlägigen Entscheidungstechniken zu nutzen als auch mit dem psychischen Druck dieser Konfliktkonstellation fertig zu werden vermag.

Entscheidungskonflikte im Lebenslauf

Die Unterscheidung verschiedener Formen des Umgangs mit Entscheidungskonflikten ist rein formal, sie sagt nichts darüber aus, wozu eine Person neigt. Entscheidungen, vor denen eine Person steht, sind weder zufällig noch ist die Lösung, die sie findet, willkürlich. Wir gestalten unser Leben in und mit Entscheidungen, durch sie formen wir unsere Identität und Persönlichkeit. Der Entscheidungsstil charakterisiert den Lebensstil.

Seit der Antike unterscheidet die Philosophie zwei Weisen, ein gutes Leben zu führen. Die offensive Einstellung drängt Menschen dazu, sich hohe Ziele zu setzen, um sie effizient zu planen und alles zu tun, um sie zu erreichen – die defensive, etwas skeptischere, lässt Menschen schon zufrieden sein, wenn sie imstande sind, Versagungen anzunehmen, Schicksalsschläge wegzustecken und dennoch den Alltag frohgemut zu meistern. Glücklich ist, wer seine Träume lebt, sagen die einen – wer sich der Notwendigkeit anpasst, die anderen.

Beide Einstellungen stehen in Spannung zueinander. Gleichzeitig können wir sie nicht einnehmen, wohl aber beide nutzen, um ein selbstbestimmtes Leben zu führen. Menschen wollen ihr Leben nach eigenen

Ziel-Diskrepanzen	
Assimilation Gestalten, Umwelt sich anpassen	**Akkommodation Ändern, sich der Umwelt anpassen**
• sich Ziele setzen und sie verfolgen • bei Hindernissen Anstrengung erhöhen • sich selbst optimieren • Ressourcen zielorientiert mobilisieren ↕	• sich von unerreichbaren Zielen lösen • irreversible Verluste annehmen • sich auf erreichbare Ziele konzentrieren • Ressourcen auf machbare Ziele lenken ↕
Unterstützende Kognitionen	**Unterstützende Kognitionen**
• Informationen zielgerichtet verarbeiten • Wichtigkeit des Ziels betonen • Hindernde Impulse unterdrücken ↕	• Aufmerksamkeit ausweiten • Zielablösung begründen • Unlösbare Probleme ausblenden ↕
Dysfunktionale Nebenwirkungen	**Dysfunktionale Nebenwirkungen**
• Eskalierende Zielbindung • Erschöpfung der Ressourcen • Reue/Ärger durch verfehlte Zielbindung	• Instabile, schwankende Zielbindung • Verfrühte Zielablösung • Mangelnde Nutzung von Optionen

Abb. 38: Assimilative und akkommodative Prozesse bei Entscheidungskonflikten (Jochen Brandstädter 2007, 423, verkürzt)

Vorstellungen gestalten; gelingt das nicht, weil die Ziele unerfüllt bleiben, geraten sie in einen fundamentalen Entscheidungskonflikt. Wie sollen sie mit der Diskrepanz zwischen Soll und Ist, ihren Wünschen und Zielen einerseits, der Versagung und Verhinderung andererseits umgehen? Die Lösung folgt der Logik der offensiven oder defensiven Grundhaltung: »assimiliativ« oder »akkommodativ« (Jochen Brandstädter 2007, 415 ff.) Im assimilativen Modus passt der Mensch die Umwelt seinen Zielen an, im akkommodativen seine Ziele der Umwelt (s. Abb. 38).

Menschen gehen das Leben ganz selbstverständlich im assimilativen Modus an, schalten dann aber auf den akkommodativen Modus um, wenn sie keine Möglichkeit sehen, ihre Ziele gegen die Macht der Umstände zu verwirklichen. Tun sie das nicht, riskieren sie Erschöpfung (Burnout) und Unzufriedenheit. »Hartnäckige Zielverfolgung« oder »flexible Zielanpassung« (ebd.) sind gegenläufige, gleichwohl unverzichtbare Aktivitätsformen, Entscheidungskonflikte zu lösen.

Entscheidungsstrategien managen

In vielen Entscheidungskonflikten des Alltags stehen vernünftige Überlegungen mit impulsiven Begehrlichkeiten im Widerstreit. Solche Konflikte sind unvermeidlich, sie können nicht gelöst, wohl aber kontrolliert werden. Den Konflikt zu kontrollieren heißt, so mit ihm umzugehen, dass die Person ihn beherrscht, nicht er die Person, diese also trotz des Konflikts erlebnis- und handlungsfähig bleibt (s. o. 3.1). Die Kontrolle des Konflikts gelingt eher, wenn sie zentrale Aspekte erfolgreichen Handelns integriert. Zwei Dimensionen sind dabei bedeutsam:

- Stabilität vs. Flexibilität: Einerseits an weit gesteckten Zielen festzuhalten und Aufgaben auch unter widrigen Bedingungen durchzuführen, andererseits sich veränderten Umständen elastisch anzupassen, Mittel und Wege zu variieren und sich, wenn aussichtslos, vom Ziel zu lösen. Stabilität fordert assimilative, Flexibilität akkommodative Prozesse (s. o.).
- Nachhaltig vs. vorübergehend: Einerseits Ziele umsichtig zu planen, Hindernisse vorausschauend einzukalkulieren und gegen Störungen zu schützen, andererseits auf unerwartete Störungen passend zu reagieren. Entspricht antizipativen und korrektiven Aktivitäten.

Die beiden Dimensionen stehen jeweils in einem polaren Spannungsverhältnis. Die darin verorteten vier Konfliktstrategien sind Differenzie-

	nachhaltig antizipieren		
stabil Ziel	proaktive Assimilierung »vorbereiten«	proaktive Akkommodation »vermeiden«	flexibel Mittel
	reaktive Assimilierung »korrigieren«	reaktive Akkommodation »loslassen«	
	vorübergehend korrigieren		

Abb. 39: Kognitive Strategien des Konfliktmanagements (David Dignath 2014, 34, gekürzt)

rungen des konstruktiven Ansatzes »Problemlösen« (s. o. Abb. 37). Da sie nicht gleichzeitig umsetzbar sind, schaffen sie einen Entscheidungskonflikt zweiter Ordnung, einen Metakonflikt über die angemessene Strategiewahl. Welche Strategie eine Person umsetzt, hängt von verschiedenen Faktoren ab, u. a. der Bedeutsamkeit des Konflikts, der Verfügung über Ressourcen, dem Lebensalter. Die systematische Einordnung konstruktiver Lösungsweisen kann den Horizont für den Umgang mit Entscheidungskonflikten erweitern. Bedeutsam ist überdies die Erkenntnis, dass »reaktive Akkommodation« eine aktive Entscheidung ist und nicht mit Passivität und Resignation gleichzusetzen ist. Wer Ziele – ohne Ressentiment! – loslässt, weil er erkennt, dass sie ihn überfordern oder in Kollision mit zentralen Werten bringen, braucht Einsicht in die eigene Begrenztheit – man kann es auch Weisheit nennen. Im Mittelpunkt vieler Interventionsprogramme zur Gesundheitsprophylaxe steht das Einüben reaktiver Akkommodation.

Übung 14: Mein Verhalten in Entscheidungssituationen

- Schreiben Sie drei wichtige Entscheidungen aus der letzten Zeit auf.
- Was hat Sie besonders unter Druck gesetzt: Risiko? Zweifel? Zeitdruck? Welches Reaktionsmuster hat bei jedem Konflikt vorgeherrscht?
- Welche Entscheidung haben Sie in nächster Zeit zu treffen? Wie können Sie den vermutlich stärksten Stressfaktor reduzieren?

3.2.3 Rollenkonflikt

»Ein Vorgesetzter ist ... einer, der von jemand einem anderen vorgesetzt wurde« (Oswald Neuberger, 2002, S. 318). Mindestens drei Positionen sind hier tangiert: der Vorsetzende, die Führungskraft und die Mitarbeiter. Jede Position ist durch Erwartungen definiert. Eine Rolle umfasst das Bündel an Erwartungen, die an den Inhaber einer Position gestellt werden. In Organisationen gibt es strukturelle und funktionale Erwartungsrichtungen:

- sich in die Hierarchie (vertikal und horizontal) einzugliedern und
- funktionale bzw. fachliche Leistungen zu erbringen.

Um einen Kern verbindlicher Muss-Erwartungen lagern, in abgestufter Verbindlichkeit, Soll- und Kann-Erwartungen. Da wir verschiedenen sozialen Systemen angehören – Familie, Nachbarschaft, Beruf, Gesellschaft, Verein, Kirchengemeinde usw. – stehen wir auch im Schnittpunkt unterschiedlicher, mehrdeutiger oder gar widersprüchlicher Erwartungen. Sie umfassen im Wesentlichen sechs Rollenkonstellationen (Oswald Neuberger, 2002, S. 323).

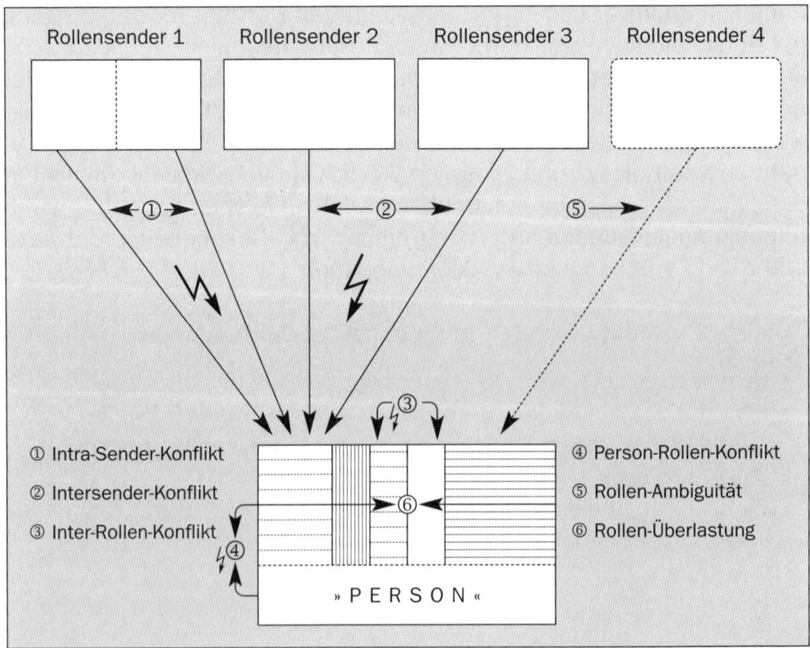

Abb. 40: Person und Rolle

Erläuterung:

① Intra-Sender-Konflikt: Ein Sender äußert widersprüchliche Erwartungen.

② Inter-Sender-Konflikt: Zwei Sender stellen unvereinbare Erwartungen.

③ Inter-Rollen-Konflikt: Als Mitglied verschiedener Systeme (z. B. Familie und Beruf) erfährt der Rolleninhaber Forderungen, die schwer oder gar nicht vereinbar sind.

④ Person-Rollen-Konflikt: Der Rolleninhaber sieht sich mit Erwartungen konfrontiert, die mit seinen persönlichen Werten kollidieren.

⑤ Rollen-Ambiguität: Die Erwartungen anderer sind unklar, vage und mehrdeutig.

⑥ Rollen-Überlastung: Ein Rollenträger hat zu viele Rollen übernommen.

Jede Rolle gliedert eine Person in ein soziales System (wie die Organisation) ein und lässt ihr gleichzeitig genügend Spielraum, ein persönliches Profil zu entwickeln. Jede Rolle ist konfliktträchtig, weil mit Widersprüchen und Mehrdeutigkeiten geladen. Was folgt daraus für den Umgang mit Rollenkonflikten?

- Je verantwortungsvoller eine Rolle, desto konfliktträchtiger ist sie. Eine Rolle gilt dann als verantwortungsvoll, wenn bloße Pflichterfüllung nicht genügt, sondern Ermessenspielräume zum Wohle anderer (Organisation, Mitarbeiter, Kunden) zu nutzen sind. Verantwortlichkeit ist besonders wichtig bei risikoreichen Aufgaben, die vom Rollenträger fordern, dass er
  - eine größere Zahl von Gesichtspunkten bedenkt,
  - Alternativen abwägt und
  - so handelt, dass möglicher Schaden abgewendet oder minimiert wird.
- Keine Rolle ist vollständig durch Erwartungen determiniert. Rollen enthalten Entscheidungs- und Gestaltungsspielräume. Sie sind unabdingbar, damit der Rollenträger auf veränderte Bedingungen flexibel reagieren kann, um die Organisation effektiv zu halten. Starke, homogene Organisationskulturen engen die Spielräume allerdings ein und schwächen damit ihre Anpassungsfähigkeit.
- Jeder definiert seine Rollen durch die spezifische Form seiner Konfliktbewältigung. Die Neigung, innere Konflikte auf reife, erwachsene oder eher unreife Weise zu bewältigen (s. o.), gibt die Richtung vor, wie der Einzelne seine Rollen definiert und persönlich profiliert. Iden-

tität erwächst aus dem lebenslangen Gestalten konfliktgeladener Rollenbezüge.

Führungsrollen sind in diesem Sinn verantwortungsvoll und damit konfliktträchtig. Die erste Rollenerwartung an eine Führungskraft ist daher, so paradox es klingt, den Rollenkonflikt anzunehmen und persönlich zu lösen.

Zwei wichtige Rollenkonflikte von Führenden betreffen den Generationenwechsel im Unternehmen und die Spannung zwischen Berufs- und Privatleben.

- Die Übergabe des Unternehmens an die nächste Generation ist eine eigene Verantwortung in der Führungsrolle. Diese Situation ist von höchster Komplexität, in ihr stoßen nicht nur private (Familientradition) und berufliche (Erhalt des Unternehmens), sondern auch persönliche (Lebensplanung) und gesellschaftliche (Erhalt von Arbeitsplätzen) mit altersspezifischen persönlichen Lebensforderungen (Loslassen können vs. Aufbauen wollen, siehe Kap. 1.4.1) zusammen. Dieser Rollenkonflikt ist nicht nur äußerst vielschichtig, sondern auch in höchstem Maße emotional aufgeladen. Die gekonnte Hilfe eines Mediators erleichtert vielen Unternehmerfamilien, eine friedliche und wirtschaftlich effektive Regelung einvernehmlich zu finden (Hans-Georg Berkel, 2007).

- Berufs- und Privatleben stellen wechselseitig inkompatible Anforderungen. Die Bedeutung dieses Rollenkonflikts zeigt sich daran, dass er empirisch nachweisbar zusammenhängt mit Stressempfinden, Erschöpfung, Zufriedenheit und Wohlbefinden bzw. gesundheitlichen Problemen. Eine Entscheidung für eine Rolle und damit der Verzicht auf die andere, kommt für die meisten Menschen nicht ernsthaft in Frage. Globaler Wettbewerb, zunehmende Mobilität und ständige Erreichbarkeit verschärfen gerade bei Führungskräften diesen Konflikt. Wie kommen sie dann mit diesem Konflikt zurecht? Welche Ressourcen stehen ihnen für eine befriedigende Bewältigung zu Verfügung?

  Das Verhältnis Berufs- und Privatleben lässt sich auf einem Kontinuum zwischen den Endpolen Integration (fließender Übergang) und Segmentierung (klare Abgrenzung) darstellen. Beide haben Vorteile.

  Menschen haben unterschiedliche Präferenzen, Berufs- und Privatleben gegeneinander abzugrenzen, Organisationen unterschiedliche Angebote dafür im Portfolio. Bei der richtigen Passung zwischen Präferenz und Angebot scheint Segmentierung die entscheidende Ressource zu sein, den Rollenkonflikt zwischen Berufs- und Privatleben

Segmentierung Berufs- versus Privatleben	Integration Berufs- und Privatleben
• schützt die Ressourcen jedes Bereichs vor dem Angriff des anderen, • negative Erfahrungen und Gefühle werden nicht vom einen in den anderen Bereich übertragen, • Unterbrechungen und Ablenkungen werden vermieden, • die Konzentration auf einen Bereich wird gestärkt.	• Übergänge von einem zu anderen Bereich werden erleichtert, • die größere Flexibilität erlaubt es, die verschiedenen Rollen gleichzeitig wahrzunehmen, • Probleme aus beiden Bereichen können zeitgleich angegangen werden, • Erfolgserlebnisse im einen Bereich können im anderen ermutigen bzw. Misserfolge kompensieren.

zu meistern. Führungskräfte, die beide Lebensbereiche gegeneinander abgrenzen können und wollen, zeigen weniger emotionale Erschöpfung (Burnout) als jene, die es weder können noch wollen. Sie sind außerdem trotz hohen Rollenkonflikts zufriedener, wenn die Organisation ihrem Wunsch nach Segmentierung durch spezifische Angebote entgegenkommt (Anna Peters et al. 2014, 73).

3.3 Organisatorische Konfliktbewältigung

Führung ist in erheblichem Umfang (geschätzt zu 25 %) Konfliktmanagement. Führende verfügen dazu grundsätzlich über drei Strategien.

- Thematisches Konfliktmanagement handhabt die organisatorisch bedingten Sach-, Beziehungs- und Wertkonflikte entsprechend ihrer je eigenen Logik. Führende steuern die Konfliktprozesse.
- Strukturelles Konfliktmanagement gestaltet die Bedingungen für das Auftreten von Konflikten: Prophylaxe beugt (unnötigen) Konflikten vor, Stimulierung provoziert sie, um ineffiziente Praktiken zu ändern. Führende variieren das Konfliktpotenzial.
- Formelles Konfliktmanagement erweitert die Verfahren der Konfliktbeilegung um Moderation oder Mediation. Führende definieren ihre vermittelnde Konfliktrolle.

3.3.1 Thematisches Konfliktmanagement

Mit einem Konflikt konfrontiert, fragen wir spontan: »Worum geht es eigentlich?« Die Inhalte entstammen den drei Seiten der menschlichen Wirklichkeit (Karl Berkel 2013, 76 ff.): der materiellen (physischen), sozialen (emotionalen) und geistigen (ideellen). Die Trias, seit Platon grundlegend für das anthropologische Denken, spielt neuerdings in der Persönlichkeitspsychologie (wieder) eine Rolle, allerdings unter anderen Begriffen (Marco Brambilla u. a. 2011; Susanne Bruckmüller & Andrea E. Abele 2013):

- Agency ist das Streben, die Umwelt zu meistern und sich von anderen abzuheben. Agency ist auf Aufgaben gerichtet, beinhaltet Kompetenz und die Fähigkeit zu zielbezogenem Handeln.
- Communion ist das Streben, sich mit anderen zu vereinigen und in einer größeren Einheit aufzugehen. Communion ist auf das Du angelegt, verkörpert sich in Rücksicht, Freundlichkeit und Unterstützung.
- Morality ist das Streben, eine integere Person zu sein. Morality macht den Kern des Charakters aus: ehrlich, aufrichtig, verlässlich, glaubwürdig zu sein.

Die drei fundamentalen Dimensionen bestimmen auch die Wirklichkeit in Organisationen. In jeder Dimension kann es zu Konflikten kommen. Vereinfacht seien sie Sach-, Beziehungs- und Wertkonflikt genannt. Jede Konfliktart folgt einer eigenen Logik und verlangt auch eine darauf abgestimmte Art und Weise der Bewältigung (siehe Abb. 39):

- Sachkonflikte sind (wie Probleme) zu lösen.
- Beziehungskonflikte sind zu regeln.
- Wertkonflikte sind zu bändigen.

Die Unterscheidung in drei Konfliktarten mit ihrer jeweiligen Logik ist analytischer Natur. Die realen Konflikte laufen selten »rein« ab, sie enthalten meistens Anteile aus allen drei Bereichen. Als Faustregel kann man etwa 20 % für die sachlichen, 50 % für die emotionalen und 30 % für die Wertgehalte ansetzen. Je eskalierter ein Konflikt ist, desto dichter sind die drei Dimensionen ineinander verwoben (oder verhakt) und desto asymmetrischer verschiebt sich die Wirkkraft auf die Wertforderungen.

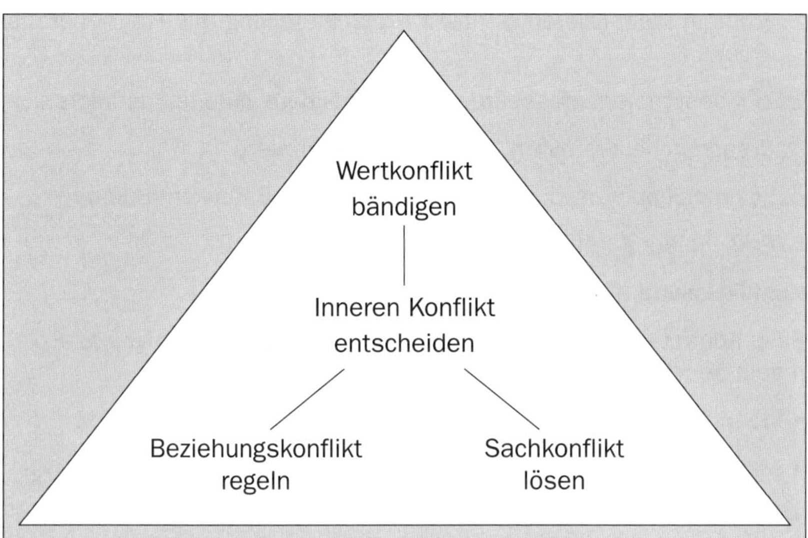

Abb. 41: Formen des thematischen Konfliktmanagements

3.3.1.1 Sachkonflikte lösen

Bei der Erfüllung gemeinsamer Aufgaben kommt es unvermeidlich zu widersprüchlichen oder entgegengesetzten Vorstellungen über den richtigen Weg, die geeignete Methode, den effizienten Mitteleinsatz usw. Kognitive Konflikte steigern die Produktivität und Kreativität von Gruppen, aber nur dann, wenn sie als Kontroverse begriffen und entsprechend gehandhabt werden. In einer Kontroverse prallen zwar unterschiedliche Ideen, Meinungen und Sichtweisen aufeinander, doch die Gruppe ist imstande, aus den Divergenzen eine gemeinsame kreative Problemlösung zu entwerfen. Im Unterschied zur Debatte, die herausfinden will, wer recht hat, dient die Kontroverse der gemeinsamen Lösungsfindung. Sachkonflikte sind prinzipiell lösbar, sofern sie als Kontroverse nach den Phasen der Problemlösung moderiert werden und die Beteiligten die geforderten Spielregeln beherzigen.

Konfliktlösung als Problemlösung: die Methode

René Descartes hat den Prozess beschrieben, wie ein Problem rational gelöst werden kann. Seine Ideen sind in den fünf Schritten der Problemlösung verdichtet (Rainer W. Stroebe 2011):

1. Problem identifizieren, zentrale Problemstellung (als Frage) herausarbeiten
2. Ziel bestimmen, messbare oder beurteilbare Kriterien definieren
3. Ursachen herausfinden, Hindernisse analysieren
4. Lösungsideen entwickeln, sie auf Nutzen und Risiken prüfen
5. Entscheidung treffen, Aktionsplan vereinbaren

Konfliktlösung als Kontroverse: die Spielregeln

Eine Kontroverse ist produktiv, wenn die Beteiligten folgende Spielregeln beachten:

- Ideen kritisch prüfen, nicht Personen kritisieren
- erst differenzieren (Unterschiede), dann integrieren (Gemeinsames)
- nach der besten Lösung streben, nicht nach dem Sieg über andere
- bereit sein, die eigene Meinung zu ändern, wenn die Evidenz gegen sie spricht
- Personen Achtung entgegenbringen, unabhängig von der Kritik an ihren Ideen
- anderen zuhören, auch wenn man ihnen nicht zustimmt
- die Äußerungen anderer so wiedergeben, wie sie gemeint sind
- die Goldene Regel befolgen: andere so zu behandeln, wie man selbst behandelt werden möchte.

Fazit: Kontroversen fordern, um kreativ zu wirken, drei Kompetenzen:

- die Ideen anderer der Kritik unterziehen, doch ihre Kompetenz anerkennen
- ein Thema aus wechselnder Sicht angehen, um alle einzubeziehen
- die Regeln rationalen Argumentierens befolgen: Ideen generieren – Information induktiv (Beispiele) oder deduktiv (Theorie) begründen – vorläufige, revidierbare Schlüsse ziehen – offen und vorurteilsfrei die bestmöglichen Lösungen entwickeln – das eigene Urteil zu ändern bereit sein, wenn überzeugende Argumente gegen es sprechen.

Sachlichkeit als Werthaltung

Scheint nicht die zuletzt genannte Forderung, »der Macht des Argumentes, nicht des Amtes zu folgen« (Hl. Augustinus), in Organisationen naiv zu sein? Dreht sich hier nicht alles um Interessen? Sicher, aber wessen? Einzelner Personen oder der Organisation? Aufgabe von Führung ist es, das Gedeihen der gesamten Organisation zu bedenken, gerade im Konfliktfall das Wohl der Organisation den eigenen Interessen voranzustellen. Das genau meint Verantwortung. Sie zeigt sich nirgendwo deutlicher als in den Besprechungen des Topmanagements. Hier offenbaren die leitenden Personen sowohl ihre (In)Kompetenz zu konstruktiven Kontroversen als auch ihren Willen, die Sache (der Organisation) ihren persönliche Ambitionen überzuordnen. Der Stil des leitenden Führungskreises, Sachkonflikte sachgerecht zu lösen, dient nachgeordneten Einheiten als Vorbild und bestimmt das ethische Niveau der Organisation. Die konstruktive Lösung von Sachkonflikten fordert nicht bloß methodische Kompetenzen, sondern eine ethische Grundhaltung: der Sachlichkeit (sich dem besseren Argument zu beugen) und des Dienstes (das Gemeinwohl vor das Eigenwohl zu stellen).

3.3.1.2 Beziehungskonflikte regeln

Wenn man im Alltag von Konflikten spricht, sind in der Regel Beziehungskonflikte gemeint; denn die Beziehung zu anderen liefert den Stoff, der den eigenen Absichten und Zielen entgegensteht. Man kann quasi gar nicht anders, als den Konflikt »persönlich« zu nehmen. Die Eigenart menschlicher Emotionen verstärkt die Neigung zur Personalisierung: Emotionen sind schon körperlich aktiviert, bevor sie ins Bewusstsein dringen. Hindert eine starke Abwehr die emotionalen Impulse, bewusst zu werden, schlagen sie direkt ins Handeln durch. Die im Konflikt vorherrschenden Emotionen Ärger und Furcht drängen die Person zur Flucht (Vermeidung, Rückzug) oder zum Angriff (Attacke, Beschuldigung) (siehe Kap. 1). Dieser unreflektierte Handlungsimpuls ist wohl die Ursache, weshalb in der westlichen Tradition Gefühle als irrational gelten, folglich der Konflikt insgesamt als dysfunktional empfunden wird.

Ein Konflikt aktiviert immer Emotionen, ob uns das bewusst ist oder nicht. Das Unbehagen gegenüber Konflikten, besonders im Arbeitsleben, entspringt dieser Gefühlsbestimmtheit. Doch Gefühle empfinden, ist eine Sache, sie zum Ausdruck bringen, eine andere. Gefühle liefern unseren Absichten den Rohstoff, den sie zur Darstellung modellieren. Beziehungskonflikte sind daher immer strategisch. Und genau so empfindet es die andere Seite: Sie spürt die Absicht und ist verstimmt.

Während Sachkonflikte nach der Sach-Logik von Problemen gelöst werden können, folgen Beziehungskonflikte der Psycho-Logik von Emotionen. Damit Emotionen bewusst werden, ohne sofort gegen andere geschleudert zu werden, braucht es einen geschützten Raum, der es Menschen erlaubt, Gefühle zuzulassen und in nicht verletzender Weise zum Ausdruck zu bringen. Diesen Schutz vor eigener und fremder Destruktivität können weder Autoritäten (Vorgesetzte) übernehmen noch Gesetze garantieren, sondern nur ethische Normen gewähren. Jede Gemeinschaft braucht daher verbindliche Regeln, die den verantwortlichen Umgang der Menschen mit ihren Emotionen lenken. Der Hl. Benedikt (von Nursia) wusste wohl, dass nur eine »regula« die Gemeinschaft zusammenhält. Aufgabe von Führenden ist es, darauf zu achten, dass diese Schutzfunktion von Normen gerade in Beziehungskonflikten intakt bleibt. Normen können verbieten oder gebieten. Dazu ein präventives und ein kuratives Beispiel.

Integer argumentieren

Auch in sachlichen Auseinandersetzungen ist das Interesse nicht erloschen, die eigenen Vorstellungen durchzusetzen. Umso wichtiger ist es, dass die Diskutanten bestimmte Grenzen respektieren. Wer sie überschreitet, sollte wissen, dass er nun auf bestem Weg ist, andere unfair anzugehen, zu manipulieren oder zu verletzen, also den Sachkonflikt zum Beziehungskonflikt zu eskalieren. Deshalb kommt Führenden die für jede Gemeinschaft unerlässliche Wächterfunktion zu, darauf zu achten, dass die stärksten Argumentationskiller unterbleiben (siehe Abb. 42), um eine faire Argumentation zu gewährleistet.

Die prohibitiv formulierten Normen, die das Unterlassen betonen, entstammen der uns allen bekannten Erfahrung, dass ein gutes Gespräch davon lebt, dass möglichst wenige Fehler gemacht werden. Das Konzept »integeres Argumentieren« macht Führende auf die Aspekte der Kommunikation aufmerksam, die mehr als der Inhalt bestimmen, wie sie auf ihre Leute wirken (siehe Kap. 2), ob sie, weil glaubwürdig und fair, als gerechte Vorgesetzte Achtung genießen (siehe Kap. 5.3.1). Nur gerecht Führende haben die Chance, dass man ihnen glaubt und folgt.

Unterlasse es, ...

- nicht stringent zu argumentieren.
- Behauptungen unzureichend zu begründen.
- falsche Behauptungen als wahr auszugeben.
- Verantwortung abzuschieben.
- dir selbst zu widersprechen.
- Beiträge sinnentstellend wiederzugeben.
- Unerfüllbares zu fordern.
- andere absichtlich zu diskreditieren.
- die Gegenseite als Feind zu behandeln.
- andere am klärenden Mitwirken zu hindern.
- die Diskussion ungerechtfertigt abzubrechen.

Abb. 42: Die Normen integeren Argumentierens (C. Mischo u. a. 2002, 158)

Verletzungen heilen

Auch klare Regeln können nicht verhindern, dass in »heißen« Diskussionen abwertende und abfällige Äußerungen fallen – prompt überlagert ein (Beziehungs)Konflikt die Auseinandersetzung. Gravierender sind durch persönliche Abneigung und gegenseitiges Misstrauen gefrorene »kalte« Konflikte, die die Parteien dennoch (oder deswegen) durch defätistische und verletzende Bemerkungen lustvoll am Leben halten (siehe Kap. 2.1.2.3). Seien Konflikte heiß oder kalt, die Absichten aufrichtig oder hinterhältig, ist der Beziehungskonflikt offenkundig, muss eine Seite den ersten Schritt gehen, der die andere einlädt, ihr zu folgen. Die geistliche Tradition rät den Parteien A und B zu einem anspruchsvollen Dreischritt:

- A muss zur Sprache bringen, wie sehr sie sich durch das Verhalten der anderen getroffen, abgewertet, missachtet fühlt (»Ich-Botschaft«).
- B soll den Protest nicht gleich mit der üblichen Floskel »ja, aber ...« abwehren, sondern innehalten, ihren Anteil erkennen, bedauern und sich entschuldigen. Tut sie das nicht, wird A (zu Recht) vermuten,

B habe sie absichtlich treffen wollen – der Konflikt droht außer Kontrolle zu geraten.

- A muss schließlich signalisieren, dass sie die Entschuldigung annimmt, verzeiht und ohne Ressentiment weiter zusammenarbeiten will.

Einen Beziehungskonflikt zu deeskalieren gelingt nur, wenn die Parteien gewillt sind, fundamentale Spielregeln eines humanen Umgangs zu beachten: persönliche Angriffe zu unterlassen oder ggf. zu bedauern. Die Beteiligten sind gefordert, ihre persönliche Empfindlichkeit hinter sich zu lassen und eine ethische Haltung einzunehmen, die traditionell als Tugend bezeichnet wird.

- A braucht Mut (virtus), die Verletzung anzusprechen,
- B braucht Demut (humilitas), die eigene Bosheit zuzugeben, und
- A wiederum braucht Großmut (magnanimitas), zu verzeihen und die Sache auf sich beruhen zu lassen.

Wer unter der Anspannung des Konflikts zu solchem Tun imstande ist, verdient wahrhaft, »Friedenstifter« genannt zu werden. Jeder Beziehungskonflikt ist eine Probe auf unseren moralischen Charakter.

3.3.1.3 Wertkonflikte bändigen

Wertkonflikte können weder gelöst noch geregelt, sie müssen gebändigt werden. Werte haben nämlich die Tendenz, Menschen ganz und gar zu »ergreifen« und an sich zu binden (Karl Berkel, 2013, 44 ff.). Wertbindung formt den Charakter – und entzweit Menschen. Die ambivalente Wirkung hat mit dem Janusgesicht von Werten zu tun, ihrer polaren Struktur. Unser Leben ist in die fundamentalen Pole von »Erhaltung« und »Steigerung« eingespannt (Friedrich Nietzsche): die »Pflichtwerte« dienen dem einen, die »Selbstverwirklichungswerte« dem anderen. Beide Pole zusammen erzeugen die Dynamik, die dem menschlichen Leben Gestalt und Entwicklung zugleich ermöglicht. Nicht die Werte »wandeln« sich, sondern wir wandeln unsere Position auf diesem polar gespannten Kontinuum.

Die Einsicht in die polare Struktur von Werten hat schon Aristoteles bewogen, die Mitte zwischen ihnen als den Ort der Tugend zu definieren (Nikomachiche Ethik II.6). Der maßvolle Mensch kasteit sich nicht durch Enthaltsamkeit (zu wenig) noch verfällt er der Völlerei (zu viel), der tapfere handelt weder tollkühn (zu viel) noch verzagt (zu wenig) usw. Tugend ist die »Kraft der Mitte«, die beide Pole zusammenbindet. Ohne diese integrierende Kraft streben beide Pole auseinander und fordern jeweils absolute Bindung. So kommt es zur »Tyrannei der Werte« (Max Scheler), die Menschen in den Wertkonflikt treibt. Die Eigendynamik des Wertdenkens erschließt für den Umgang mit Wertkonflikten zwei wichtige Einsichten.

Werte sind komplementär aufeinander bezogen

Die fundamentale Polarität von Erhaltung und Steigerung beherrscht auch jede Organisation. Normen und Regeln bezwecken Planbarkeit und Verlässlichkeit, sie sichern die Erhaltung. Individuelle Dispositions- und Handlungsräume gewährleisten Entwicklung und Wachstum, sie fördern die Steigerung. Die Präferenz für einen Pol konfiguriert die Organisation als geschlossenes oder offenes System (siehe Abb. 43).

	Ordnung, Reglementierung	Freiheit, Ermöglichung
Organisation	Zuverlässigkeit Handlungsfähigkeit	Innovation Wandel
Menschen	Sicherheit Ordnung	Autonomie Selbstbestimmung
	↓ Geschlossene Organisation	↓ Offene Organisation

Abb. 43: Wertespektrum und Wertedilemma von Organisationen (nach Diether Gebert, 2002)

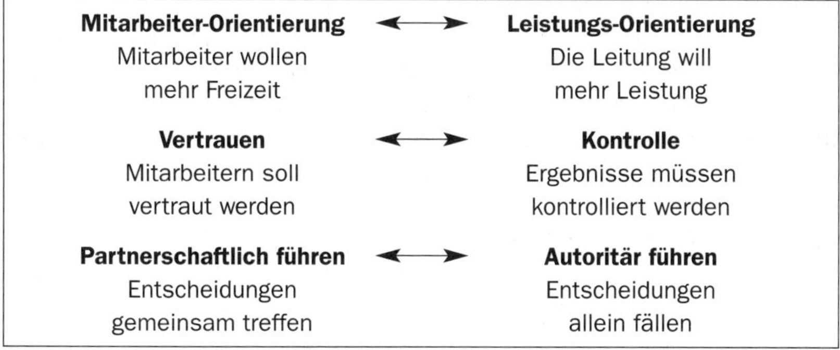

Abb. 44: Die Führungskraft in der Zwickmühle (nach Oswald Neuberger, 2002, S. 342)

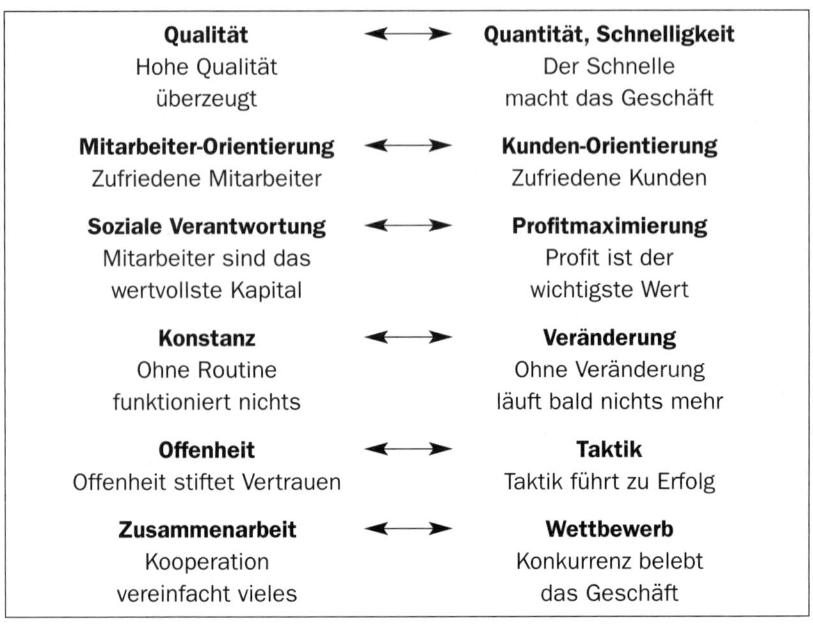

Qualität Hohe Qualität überzeugt	⟷	**Quantität, Schnelligkeit** Der Schnelle macht das Geschäft
Mitarbeiter-Orientierung Zufriedene Mitarbeiter	⟷	**Kunden-Orientierung** Zufriedene Kunden
Soziale Verantwortung Mitarbeiter sind das wertvollste Kapital	⟷	**Profitmaximierung** Profit ist der wichtigste Wert
Konstanz Ohne Routine funktioniert nichts	⟷	**Veränderung** Ohne Veränderung läuft bald nichts mehr
Offenheit Offenheit stiftet Vertrauen	⟷	**Taktik** Taktik führt zu Erfolg
Zusammenarbeit Kooperation vereinfacht vieles	⟷	**Wettbewerb** Konkurrenz belebt das Geschäft

Abb. 44 (Fortsetzung)

Beide Wertrichtungen sind überlebenswichtig. Ihr Zusammenspiel so zu organisieren, dass sie sich flexibel ergänzen und kompensieren, macht Führung aus – und zugleich zur Zwickmühle (siehe Abb. 44).

Werte schlagen in Unwerte um

Wenn ein Wert aus der polaren Zuordnung herausgenommen und isoliert wird, treibt er Menschen dazu, ihn absolut zu setzen. Ordnung versteinert zur Bürokratie, Freiheit zerfließt in Anarchie: Werte entarten zu Unwerten. Das »Wertequadrat« veranschaulicht diesen dynamischen Zusammenhang (siehe Abb. 45). Die Einbindung des Komplementärwerts verhindert den Umschlag in die Negativität. Der individuelle Spielraum ist durch Kompetenzregeln begrenzt, fixe Verfahrensabläufe lassen Präzedenzfälle zu. Der angemessene Umgang mit Wertkonflikten sucht sie weder aufzulösen noch zu beseitigen, sondern ihre polare Spannung dialektisch zu nutzen – und dadurch zu bändigen. Man kann Werte nicht (wie Ziele) maximieren, sondern nur optimieren.

Die polare Spannung von Werten durch Anstreben der Mitte auszubalancieren, ist der angemessene Umgang für soziale Werte, nicht für

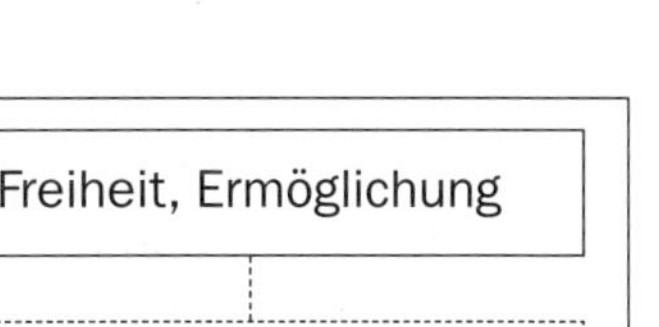

Abb. 45: Das Wertequadrat

ethische. Das Denken in »zu viel« und »zu wenig« vergleicht Quantitäten, ignoriert aber die Frage nach der Qualität, nach dem, was richtig ist. Die Mitte als quantitatives Maß kann nicht der Maßstab für das Richtige sein. Liebe und Dankbarkeit können »zu wenig«, nie »zu viel« gelebt werden. Die »mesotes« (Mitte) des Aristoteles bietet nur einen Denkrahmen, der mit dem (für die Parteien) Richtigen zu füllen ist. Menschen bändigen Wertkonflikte, indem sie die auseinanderstrebenden Werte so aneinander rückbinden, dass sie nicht »ausufern« und in einen zerstörerischen Exzess expandieren.

Nicht Werte, sondern Menschen geraten in Konflikt

Die komplementäre Struktur von Werten ist nachträgliche theoretische Einsicht. Die gelebte Wertpraxis sieht anders aus. In Konflikt geraten nämlich nicht Werte, sondern Menschen. Werte symbolisieren, was Menschen für wichtig und richtig halten, an was sie sich gebunden fühlen und als Kern ihrer Identität betrachten. Wer »ihre« Werte infrage stellt, greift sie selber an. Sie reagieren heftig, sind »empört«. Den Hinweis auf komplementäre Werte, die ebenso gut und richtig sind, empfinden sie als spitzfindige Absicht, ihre Werte zu relativieren und zu ent-werten – der Konflikt eskaliert.

Wo Menschen, die ihre Werte verteidigen, mit anderen in Konflikt geraten, die gegenläufige Werte vertreten, nimmt dieser Konflikt die Form des Dramas an. Nicht individuelle Personen streiten miteinander, sondern sozial geprägte und historisch tradierte Rollenmuster (re)agieren aufeinander. Die Akteure scheinen einem Drehbuch zu folgen, manchmal bis zum bitteren Ende – die Regie hat ihnen ja »keine Alternative« gelassen. Die Logik von Wertkonflikten treibt in die »Tyrannei des Oder« (Jim Collins 2003, 71): Richtig kann nur ein Wert sein, meiner oder deiner.

Nur eine dritte Partei hat den nötigen Weitblick, Streitenden die zerstörerischen Folgen eines Wertkonflikts vor Augen zu halten. Die schlimmsten Gräuel der menschlichen Geschichte, unvorstellbare

Grausamkeit und Rückfall in tiefste Barbarei sind nicht durch animalische Begierden entstanden, sondern einer geistigen Wurzel entsprungen: dem blinden Gehorsam gegenüber absolut gesetzten Werten, die von dem notwendig komplementären Korrektiv abgeschnitten sind. Das Wissen um die tyrannische Logik von Wertkonflikten befreit Menschen von deren zwingender Macht – sie sind dann selbst verantwortlich für die Bändigung von Wertkonflikten.

Werte und Interessen – ein Wechselspiel

Weil Werte tiefe Gefühle auslösen und Menschen zu äußerstem Einsatz treiben, liegt die Versuchung nahe, ihre Schubkraft für persönliche Bedürfnisse und Präferenzen auszunutzen. Wer eigene Interessen hinter Werten verbirgt, spielt die Karte des Wertdramas (s. o.): Er tritt als Anwalt überpersönlicher Anliegen auf und scheint so legitimiert, seine Ansprüche, weil fest und unveränderlich, unter allen Umständen durchsetzen zu dürfen. Dieses Manöver gelingt, weil abstrakte Werte sich in Interessen konkretisieren müssen, um wirkmächtig zu werden. Der fließende Übergang zwischen Werten und Interessen lässt beide unter dem Druck der Konfliktlage zu einer kaum mehr unterscheidbaren Einheit verschmelzen. Um Wertkonflikte zu bändigen, ist es unerlässlich, Interessen und Werte zu unterscheiden (siehe Abb. 46).

Interessen	Werte
verhandelbar kompensierbar mit Gütern verbunden enttäuscht, wenn unerfüllt	nicht verhandelbar nicht kompensierbar an Identität gebunden empört, wenn verletzt

Abb. 46: Werte vs. Interessen (nach John Forester, 2009, 59 ff.)

Wertkonflikte weisen alle Zeichen eines hohen Eskalationsgrades auf, und zwar von Anfang an. Die Parteien

- stehen einander voller Misstrauen gegenüber,
- vertreten unnachgiebig ihre (Wert)Forderungen,
- schlagen Optionen aus, die durchaus Vorteile brächten,
- reagieren gereizt, verärgert und verletzend aufeinander,
- halten den Konflikt für unlösbar und

- binden ihre Identität an Symbole, deren Missachtung sie als persönlichen Angriff werten, der sie berechtigt zurückzuschlagen.

Wertkonflikte verstricken Menschen so ineinander, dass sie allein nicht mehr herausfinden; sie brauchen die Hilfe einer dritten Partei.

Wertkonflikte fordern Mediation, nicht Moderation

Eine strukturierte zielorientierte Moderation greift bei Wertkonflikten zu kurz. Zum einen stellen die Parteien die Methode als solche infrage, fordert diese doch, dass sie ihre Werte in einen Prozess rationaler Argumentation einbringen, gegeneinander abwägen und in einen vernünftigen Ausgleich setzen. Das rationale Vorgehen unterstelle, so ihr Vorwurf, dass Werte rational begründbar oder, um des lieben Friedens willen, relativierbar seien, in beiden Fällen werde ihre Wertüberzeugung nicht ernst genommen. Zum anderen bleiben schnell erzielte Einigungen meist oberflächlich, über kurz oder lang brechen die Differenzen wieder auf, weil die eigentlichen Anliegen nach wie vor ungestillt sind. Damit riskiert ein Moderator, dass die enttäuschten Parteien ihn für das Scheitern verantwortlich machen und ihren Ärger an ihm auslassen.

Mediation beginnt mit einer Diagnose des Wertkonflikts, die von der äußerlichen Inszenierung zu den tiefer liegenden substanziellen Anliegen vordringt. Werte sind nämlich, darin Motiven ähnlich, nicht immer explizit bewusst, auch wenn Menschen das glauben. Wirkmächtig sind vielmehr die impliziten Werthaltungen. Sie sind in der frühen Kindheit erworben, in ein assoziatives Netz von Gedanken und Gefühlen eingebettet und sprachlich schwer fassbar (David Scheffer 2005, 6 ff.). Aber Menschen können Geschichten erzählen über existenzielle Konflikte und Lebensentscheidungen, in denen diese Werte eine zentrale Rolle spielen. Mediation arrangiert Situationen, in denen die Parteien lernen, einander zuzuhören, nach den Regeln zivilen Umgangs aufeinander einzugehen, sich und die anderen besser zu verstehen und ihre unterschiedlichen Werte anzuerkennen. Die Mediation von Wertkonflikten kann verschiedene Formen entlang eines Kontinuums annehmen, das vom ungeklärten Nebeneinander der Werte (Verzicht) bis zur direkten Auseinandersetzung (Konfrontation) reicht (Lawrence Susskind u. a. 2009, siehe Abb. 47).

- Rückzug: Der Mediator lehnt nach der Erstdiagnose die Mediation als aussichtslos ab oder schlägt den folgenden gestuften Prozess vor.

Wertkonflikte überwinden				
Rückzug	Trennung	Dialog	Einordnung	Konfrontation
Verzicht	von Werten und Interessen	Verstehen ohne Einigung	Wertdifferenzen unter einen Oberwert subsumieren	intensive Klärung der Werthaltungen

Abb. 47: Ansätze zum Umgang mit Wertkonflikten (nach L. Susskind 2009)

- Trennung (von Werten und Interessen): Obwohl die Parteien glauben, die Wertdifferenzen könnten nicht überwunden werden, sind sie bereit, über die Lösung praktischer Probleme zu verhandeln. Man kann an Jesus oder Allah glauben und dennoch sich auf die Errichtung einer Ampel einigen.

- Dialog: Der Mediator ermutigt die Parteien, ihre Differenzen darzulegen, einander zuzuhören und zu verstehen, ohne die andere Seite »bekehren« zu wollen. Das Verständnis kann kognitiv wachsen (Wissen und Kenntnis) und emotional reifen (Empathie und Vertrauen). Ein Dialog kann Missverständnisse ausräumen, die Einigung auf Regeln humanen Umgangs sichern, gar Ansätze zur Kooperation erschließen. Dialog zivilisiert: Den anderen nehme ich nicht nur als das ganz andere (meiner selbst) wahr, sondern als Mensch mit Antlitz und Stimme (wie ich selbst). Dialog braucht einen geschützten Raum, der private Kontakte ermöglicht, und verbindliche Regeln, die destruktives Verhalten unterbinden und eskalierendes bremsen. Die vier Kernregeln sind universell anwendbar:
  1. Jeder spricht nur für sich.
  2. Jeder respektiert jeden.
  3. Keiner beschuldigt einen anderen.
  4. Keine persönlichen Angriffe.

- Einordnung (Appell an übergeordnete Werte): Die Mediation erweitert das Wertespektrum, sodass die Parteien ihre Werte unter höhere Prinzipien (Menschenrechte, Grundrechte, Freiheit usw.) subsumieren und dadurch relativieren können. Dies erlaubt, Felder der Zusammenarbeit zu identifizieren, in denen jeweils ein Wert den Vorrang hat.

- Konfrontation (Änderung): Sie baut auf den vorangehenden Methoden auf und führt zur direkten Auseinandersetzung. Die Parteien stellen ihre Werte, damit auch ihr Selbstverständnis infrage mit dem Ziel, entweder einem Wert den Vorrang einzuräumen (erneuerbare Energie geht vor Atomkraft) oder die eigenen Werte neu zu deuten.

Wertkonflikte stehen hinter Verfahrensfragen

In der modernen Gesellschaft gibt es keinen Wertkonsens (mehr). Zum permanenten Krieg kommt es dennoch nicht, weil die westlichen Demokratien Wertkonflikte nicht inhaltlich, argumentativ (auf)lösen, sondern formal über Verfahren (Rechtsweg, Schlichtung usw.) bändigen (regeln). Verfahren ermöglichen Konsens auch bei fundamentalem Dissens.

Unsere Organisationen praktizieren den Geist des neuzeitlichen Prozessdenkens, Wertkonflikte prozedural zu überwinden. Wertkonflikte, z. B. ob dem Gewinn alles unterzuordnen ist oder nicht, werden in die geltenden (auch gebilligten?) Verfahren betriebswirtschaftlichen Controllings, politischer Mitbestimmung, öffentlicher Vergleichsstatistiken (»bench marking«) usw. verlagert und so entscheidbar gemacht.

Die Dominanz formaler über inhaltliche Kriterien ist eine Form, Wertkonflikte zu bändigen. Doch sie ruft Unbehagen hervor, das politisch in fundamentalistischen Bewegungen, organisatorisch im Zynismus gegenüber Veränderungen sich Luft verschafft. Die vom Management gebetsmühlenartig vorgetragene Begründung, Veränderungen seien wertschöpfend, produziert zwangsläufig Wert-Konflikte, die, wie gezeigt, weder gelöst noch verhandelt, sondern nur durch selbst begrenzende Verpflichtungen gebändigt werden können.

Gerechtigkeit als Wertkonflikt

Der Kampf um Gerechtigkeit ist das (innen)politische Thema in Deutschland. Ob es um Bildung geht, die Gleichstellung von Mann und Frau, die Bezahlung von Managern, die Integration von Zuwanderern, stets soll Gerechtigkeit der Maßstab sein, an dem eine politische Lösung zu messen ist. Doch Gerechtigkeit ist nicht die Lösung, sondern das Problem. Aus zwei Gründen:

Erstens gehen die Auffassungen, was als gerecht zu gelten hat, seit der Antike auseinander. Grundsätzlich dienen drei Prinzipien oder Werte zur Bestimmung der Verteilungsgerechtigkeit (Morton Deutsch 1975):

- Bedürfnis: Gerecht handelt, wer anderen gibt, was sie brauchen.
- Gleichheit: Gerecht handelt, wer andere gleich (wie sich) behandelt.
- Fairness: Gerecht handelt, wer andere gemäß ihrem Beitrag (Leistung) Entlohnung bzw. gemäß ihrer Verantwortung Entlastung zubilligt.

Strittig ist, welcher Wert für eine Problemlage Vorrang haben soll. Gegenwärtig gilt Gleichheit als der dominierende Wert.

Zweitens löst erlebte Ungerechtigkeit ein Reaktionsmuster aus, das aus Wertkonflikten bekannt ist: Menschen sind erregt, verärgert und empört (»Wutbürger«), sinnen auf Rache und sind bereit, bis zum Äußersten (manchmal auch darüber hinaus) zu gehen – denn sie sind doch im Recht! Weil sie den richtigen Wert vertreten, fühlen sie sich berechtigt, ihn mit allen (?) Mitteln zur Geltung zu bringen: Die Eskalation ist vorprogrammiert.

Gerechtigkeitskonflikte zu deeskalieren, ist der erste Schritt, sie zu bändigen. Mediation sucht dies durch »Relativierung« der Gerechtigkeitsvorstellungen in vier Schritten zu erreichen (Leo Montada & Elisabeth Kals 2013, 163 ff.).

1. Jede Partei legt ihre Gerechtigkeitsvorstellungen offen, sie gibt den Grund an, weshalb sie empört und verärgert ist. Die heftige emotionale Reaktion sollte nicht mit der Forderung nach Sachlichkeit unterdrückt werden, sondern als Indikator dienen, wie wichtig die Sache für eine Partei ist. Dabei darf der laute Streit, der sich oft an Auffälligkeiten fest macht, nicht den Blick auf die wirklich umstrittenen Werthaltungen verstellen.

2. Jede Partei lernt die Gerechtigkeitsvorstellung der anderen Seite kennen, entwickelt Verständnis für deren Wertforderungen und Begründungen, muss sie aber nicht akzeptieren.

3. Beide Parteien sind bereit, ihren Wertkonflikt als Wertdilemma zu begreifen. Ein Dilemma entsteht durch Wertforderungen, die nicht (immer) in Einklang miteinander zu bringen sind. Bsp.: »Eigentum verpflichtet.« (GG 14.2). Die Werte Freiheit und (soziale) Bindung stehen in grundsätzlicher Spannung zueinander und müssen deshalb immer wieder neu ausbalanciert werden. Auch an eigenen Erfahrungen kann den Parteien bewusst gemacht werden, dass sie die Auffassung von Gerechtigkeit, die sie bei der Gegenseite ablehnen, in bestimmten Situationen selbst vertreten. Die Einsicht in die grundsätzliche Dilemmastruktur des Gerechtigkeitskonflikts soll die Parteien bewegen, den letzten Schritt aufeinanderzuzugehen.

4. Beide Parteien geben ihre unversöhnliche Entweder-oder-Haltung auf und erarbeiten die Bedingungen, unter denen sie bereit sind, ihre Forderungen wechselseitig anzuerkennen. Sie sind bereit, ihren Anspruch zu relativieren und einen verträglichen Modus vivendi auszuhandeln.

OCB als Wertkonflikt

Organisationen schätzen Mitarbeiter, die sich für das Gedeihen der Organisation besonders engagieren (Organizational Citizenship Behavior, OCB). In der Regel sind das Leistungen, die Mitarbeiter freiwillig erbringen, ihnen nicht vergütet werden und, falls sie sie unterlassen, keine Nachteile einbringen. Dazu zählen insbesondere Rücksichtnahme auf die Belastungen anderer sowie die Bereitschaft, Kollegen zu helfen, wenn diese Unterstützung brauchen. Jede Organisation lebt davon, dass Mitarbeiter zu einem flüssigen Arbeitsablauf und gedeihlichen Arbeitsklima beitragen, ohne eigens dazu verpflichtet und dafür entlohnt zu werden. Dieses freiwillige Engagement ist nicht nur für jede Organisation von hohem Wert, sondern auch für den Mitarbeiter: OCB festigt den Zusammenhalt, erhöht die Zufriedenheit, verringert Belastungen und stärkt das Gefühl, ein guter Mensch zu sein.

Allerdings bringen die stillschweigend erwarteten sozialen Werte von OCB Mitarbeiter in Konflikt mit den gleichzeitig offen geforderten Leistungs- und Ergebniswerten. Denn Hilfe und Rücksichtnahme verursachen Kosten, sie kosten v. a. Zeit: der hilfreiche Mitarbeiter kann seine eigene Arbeit nicht rechtzeitig fertigstellen, verpasst evtl. Termine, kriegt Ärger mit anderen, die ihn unter Druck setzen. Dies gilt vor allem dann, wenn die Organisation Mitarbeiter nach persönlicher Leistung beurteilt und individueller Zielerreichung belohnt.

OCB bringt jene Mitarbeiter in Konflikt, die einen präventiven Fokus haben: also eine Arbeits- (und Lebens-)Haltung, die Wert auf Sicherheit legt, sich nicht vorhalten lassen will, eine Pflicht versäumt oder eine Aufgaben unterlassen zu haben, denkbare Bedrohungen ängstlich vorwegnimmt und insgesamt darauf bedacht ist, die eigenen Ressourcen nicht zu erschöpfen. Mitarbeiter mit progressivem Fokus finden OCB dagegen lohnend und motivierend, sie sehen darin eine Ressource, ihr Ansehen zu steigern, an Respekt und Beliebtheit zu gewinnen, ihnen das Gefühl zu geben, ein guter, hilfsbereiter Mensch zu sein. Obwohl die Organisation OCB als »Schmieröl« braucht und insgeheim fördert, sehen leistungsorientierte Führungskräfte darin eher eine Einladung zum gar nicht geschätzten »Gutmenschentum«.

OCB ist Beispiel für einen klassischen Wertkonflikt zwischen sozial erwünschtem und materiell belohntem Verhalten. Keine Organisation kann ihn beseitigen, wohl aber ausgleichen. Folgende Schritte sind denkbar, wirksam nur, wenn sie ehrlich gemeint sind:

- Priorisieren: Sie deklariert OCB und Leistung als gleich wichtige Werte.
- Unterstützen: Sie verpflichtet die Führenden, OCB bei den Mitarbeitern gezielt zu fördern und sie im Konfliktfall nicht im Regen stehen zu lassen.
- Kompensieren: Sie stellt Kompensationen in Aussicht, falls Mitarbeiter durch OCB Nachteile drohen.

OCB ist also eine zweideutige Ressource: von Vorgesetzten öffentlich gepriesen und gefördert, kann sie dem einzelnen erhebliche Nachteile und Kosten aufbürden.

3.3.1.4 Die Hierarchie der drei Konfliktformen

Sowohl bei der Selbstbeschreibung wie der Eindrucksbildung gewichten wir die drei Dimensionen unterschiedlich. Beim Selbstbild legen wir zunächst Wert darauf, uns als integer und moralisch darzustellen, dann bekennen wir unsere (un)geselligen Seiten und (erst) zum Schluss erwähnen wir unsere Kompetenz. Ähnlich bei der Eindrucksbildung: Wenn wir mit anderen Menschen zusammenarbeiten sollen, suchen wir zuerst nach Informationen über ihren Charakter. Wir wollen vorrangig wissen, ob sie gute oder schlechte Absichten uns gegenüber hegen, wie glaubwürdig, ehrlich und verlässlich der Chef oder Kollege ist, erst danach interessiert, wie gesellig und kompetent sie sind. Der Vorrang der moralischen Seite bei der Eindrucksbildung ist schlicht überlebenswichtig. Wenn wir uns auf jemanden einlassen, der es mit uns nicht ehrlich meint, ziehen wir bald den Kürzeren, und zwar umso eher, je mehr der andere sich freundlich maskiert und uns geschickt instrumentalisiert.

Beziehungskonflikte überlagern Sachkonflikte

Sachkonflikte können gelöst werden (s. o.). Sobald aber Beziehungskonflikte auftreten oder vorher schon das Klima prägen, bringen Menschen nicht mehr die sachliche Haltung auf, eine Kontroverse produktiv auszufechten. Beziehungskonflikte verhindern eine sachliche Problemlösung. Aus zwei Gründen:

- Die Beteiligten sind nicht mehr bereit, Informationen unvoreingenommen zu prüfen, um die beste Lösung zu finden. Stattdessen beachten sie selektiv nur Informationen, die ihre Sicht stützen und die Argumente der anderen schwächen. Die Parteien handeln ich-zentriert, nicht mehr sachorientiert.
- Der Sachkonflikt selbst wird als persönliche Bedrohung empfunden. Argumente stehen nicht mehr im Dienst der Sache, sondern des Kampfes um Sieg oder Niederlage. Beziehungskonflikte in der Arbeitswelt rufen immer (Existenz)Ängste hervor, die reflexartig defensive Reaktionen auslösen; schließlich muss man sich ja gegen die mutmaßlich feindseligen Absichten der anderen schützen.

Beziehungskonflikte treiben Menschen von der Kooperation in die Konkurrenz. Es ist daher völlig zwecklos, in einem gespannten Klima Menschen zu bewegen, intelligente Lösungen kreativ zu erarbeiten. Viele Besprechungen könnte man sich sparen oder besser dafür nutzen, die Beziehungskonflikte zu heilen.

Wertkonflikte entwerten Sach- und Beziehungskonflikte

Wertkonflikte berühren die Identität einer Partei. Sie sind zentraler und ich-näher als Sach- und Beziehungskonflikte. Wenn eine Partei sich selbst und ihre Selbstauffassung bedroht sieht, reagiert sie ungleich härter und kampfbereiter als bei anderen Konflikten. Wertkonflikte setzen gleich bei einem hohen Eskalationsgrad ein. Die Parteien sind weder fähig noch bereit, persönliche Verletzungen normativ aufzuarbeiten, im Gegenteil, sie fügen sie sich absichtlich zu: sich entschuldigen oder verzeihen, wäre das Eingeständnis, nicht recht zu haben. Den Weg einer sachlichen Problemlösung gehen zu wollen, käme dem Versuch gleich, »ein richtiges Leben im falschen« (Theodor W. Adorno) zu führen. Ein vernünftiger Interessenausgleich ist ebenfalls ausgeschlossen: dazu könne sich nur ein käuflicher Krämergeist herablassen. Selbst wenn eine Regelung oder Vereinbarung (ein Deal) den Interessen beider Seiten dienen würde, wird das Aushandeln abgelehnt: Werte sind nicht verhandelbar.

Die Asymmetrie der Konfliktbewältigung

Die hierarchische Zuordnung der drei Konfliktformen verlangt auch eine daran ausgerichtete Abfolge der Konfliktbewältigung. Was an einem Konflikt zeitlich zuerst erkennbar ist, steht logisch bzw. seinem Gewicht nach am Schluss. Zu Beginn eines Konflikts fragen wir nach dem Thema (worum geht es), dann kommen die Parteien in den Blick (wie gehen sie miteinander um), erst zuletzt tritt das normative Bezugsfeld, die Werteordnung (was ist wichtig) in den Blick. Die Bewältigung von Konflikten ähnelt dem Schälen von Zwiebeln: Man schält eine Schale nach der anderen ab, von außen (Sache) über das Innere (Beziehung) in den Kern (Werte). In dieser Abfolge eskalieren Konflikte, in umgekehrter sind sie zu deeskalieren.

3.3.2 Strukturelles Konfliktmanagement

Jeder Führende hat drei grundlegende Anforderungen zu erfüllen (siehe Rainer W. Stroebe, 2010, in dieser Reihe): Er muss dafür sorgen, dass die Einheit

- gestellte Aufgaben erfüllt und vereinbarte Ziele erreicht (Lokomotion),
- Zusammenhalt entwickelt und effizient kooperiert (Kohäsion),
- Mission und Vision der Organisation mit trägt und vertritt (Identifikation).

Im Arbeitsalltag sind weniger Reibereien zu erwarten, wenn Führende diese Anforderungen ausgewogen beachten. Kompetentes Führen beugt Konflikten vor, wirkt von selbst prophylaktisch. Andererseits gefährdet ein Nachlassen der Spannung die Effektivität; hohe Leistung braucht ein gewisses Spannungsniveau. Absichtlicher Dissens und gezielter Widerspruch erhöhen die Erregung und ziehen die Aufmerksamkeit auf sich. Konfliktprophylaxe und Konfliktstimulierung sind zweckgebundenes, instrumentelles Konfliktmanagement (siehe Abb. 48). Ihr Ziel ist es, das Wohl der Organisation zu optimieren, nicht die eigene Person zu profilieren. Prävention und Aktivierung von Konflikten besonnen und ausgewogen zu praktizieren, zeugt von Führungskunst und Führungsverantwortung.

3.3.2.1 Konflikte verhindern (Prävention)

Mitarbeiter sind heute in der Regel gut qualifiziert und ausreichend motiviert. Sie brauchen weder einen Ausbilder noch einen Animateur, sondern jemanden, der die Rahmenbedingungen so gestaltet, dass sie erfolgreich arbeiten können. Wenn sie jedoch erleben, dass Kompetenzen unklar geregelt sind, Absprachen unverbindlich bleiben, parallele Aufgaben in destruktives Konkurrieren treiben, Besprechungen ineffizient ablaufen, Projekte unkoordiniert verfolgt werden, dann sind Konflikte vorprogrammiert.

Mitarbeiter führen solche Defizite keineswegs auf die Inkompetenz ihrer Führenden zurück, sie wittern dahinter die Absicht, sie gegeneinander auszuspielen und die leistungsschwächeren Kollegen herauszukegeln. Von wachsender Unzufriedenheit zu sprechen, wäre zu simpel. Es entsteht ein Klima des Misstrauens und Verdächtigens, der Zug zum Mobbing ist schon abgefahren.

Führende, die ihre Basisaufgaben vernachlässigen, ob aus Unvermögen oder Absicht, produzieren Beziehungskonflikte, die rasch zu Wertkonflikten eskalieren (s. o.), treiben Mitarbeiter in einen hohen Energie- und Zeitverschleiß, und missbrauchen so die Organisation, die ihnen Menschen und Mittel anvertraut hat. Mangelnde Prophylaxe bezeugt ein niedriges Niveau eigener »Führungsethik« (siehe Karl Berkel 2013, S. 182 ff.). Konfliktprophylaxe ist elementare Führungsaufgabe, sie kann nicht an andere Stellen (Personalwesen) delegiert werden.

3.3.2.2 Konflikte stimulieren (Forcierung)

Manchmal muss eine neue Führungskraft nach kurzer Zeit feststellen, dass die Einheit nicht die erwartete Leistung bringt: Teams arbeiten umständlich und ineffizient, lückenhafte Koordination produziert Leerlauf und Wartezeiten, Kollegen stimmen sich nicht rechtzeitig ab, Informationen kommen zu spät und unvollständig, einzelne Mitarbeiter weigern sich, umzudenken und dazuzulernen, man redet (meist schlecht) übereinander, nicht miteinander, gegenseitige Unterstützung unterbleibt usw. Ohne Zweifel besteht hier Handlungsbedarf, sonst verfehlt die Einheit ihre Ziele und die Führungskraft ihren Job. Jeder Führende kommt einmal in die Situation, Änderungen herbeiführen zu müssen, die nicht ohne Konflikte ablaufen. Eine kurze Diagnose kann klären, ob es angebracht ist, Konflikte anzufachen, um das Leistungsniveau zu steigern.

- Fühlen Sie sich von Ja-Sagern umgeben?
- Fürchten sich Ihre Mitarbeiter, Fehler, Unsicherheit und Unwissenheit zuzugeben?
- Wird bei Entscheidungen zu sehr darauf geachtet, einen Kompromiss zu finden, wobei Werte, längerfristige Ziele oder die Vision auf der Strecke bleiben?

Konfliktart	Konfliktprophylaxe	Konfliktstimulierung
Wert-konflikte	• Klare Mission und überzeugende Vision, die die Mitarbeiter mittragen. • Werte und Regeln der Zusammenarbeit verbindlich festlegen. • Bewerber auswählen, die in die Kultur des Unternehmens passen. • Mitarbeiter in die Entwicklung von Zielperspektiven und Strategien einbinden. • Kritische Loyalität fordern und fördern. • Jährliches Meeting über strategische Fragen organisieren.	• Werte und Ethos einfordern, Verstöße öffentlich ahnden. • Ziele hinsichtlich ihres Beitrags zur langfristigen Vision/Strategie begründen lassen. • Führungskräfte nicht nur nach Ergebnis und Kompetenz, sondern auch nach ihrer ethischen Integrität beurteilen (lassen). • Mitarbeiter eigene Vorstellungen über ihre persönliche Entwicklung formulieren lassen.
Sach-konflikte	• Herausfordernde und überprüfbare Ziele vereinbaren, Spielräume verbindlich abstecken. • Besprechungen so leiten und moderieren, dass kreative Kontroversen das Denken stimulieren und Innovationen vorantreiben. • Den horizontalen und vertikalen Informationsaustausch fördern. • Jährliches Meeting über die Stärken und Schwächen der Zusammenarbeit, um Probleme und Spannungen frühzeitig zu entdecken und gemeinsam zu klären.	• Ergebnisse und Verhalten regelmäßig (gemeinsam) auswerten. • Mit neuen Aufgaben und Abläufen Mitarbeiter fordern, ihre gewohnte Arbeitsweise zu ändern. • Gemeinsame Problemklärungsrunden einberufen. • Querdenker unterstützen. • Entscheidungswege verkürzen (Dienstweg abschaffen). • Entscheidungen nach unten delegieren.

Abb. 48: Maßnahmen des strukturellen Konfliktmanagements

Konfliktart	Konfliktprophylaxe	Konfliktstimulierung
Beziehungs-konflikte	• Offenheit und Vertrauen beispielhaft vorleben. • Konflikte und Verstimmungen offen ansprechen. • Kompetenzen und Verantwortlichkeit klar zuordnen und abgrenzen. • Feedback-Kultur entwickeln helfen, Kritikrunden arrangieren.	• Teams auflösen und neu zusammensetzen. • Nebeneinander arbeitenden Kollegen eine Aufgabe zuweisen, für die sie gemeinsam verantwortlich sind. • Regelmäßig Feedback geben. • Regeln für das Austragen von Beziehungskonflikten erarbeiten lassen. • Schwelende oder »kalte« Konflikte mithilfe eines Moderators angehen.
Rollen-konflikte	• Mitarbeiter (be)fördern, die die Werte vorbildlich leben, jene sanktionieren, die sie eklatant ignorieren. • Führungskräfte unterstützen und coachen (lassen), ihre Rolle innovativ zu definieren. • Fehlerkultur bejahen und tolerieren. • Vereinbarkeit von Beruf und Familie fordern und organisatorisch absichern.	• Klare Aussagen und verlässliche Zusagen einfordern. • Schriftliche Mitarbeiterbeurteilung einführen. • Führungskräfte Entscheidungen offen begründen lassen. • Gegenseitiges Feedback (peer review) installieren. • Führungskräfte in die unternehmerische Verantwortung nehmen.

Abb. 48 (Fortsetzung)

- Glauben die Führungskräfte, es mache einen guten Eindruck, wenn in ihrer Einheit Friede und Harmonie herrschen?
- Sind die Entscheidungsträger sehr darauf bedacht, die Gefühle anderer nicht zu verletzen?
- Glauben die Führungskräfte, Beliebtheit lohne sich eher als Kompetenz und Leistung?
- Sind die Führungskräfte übermäßig bestrebt, Konsens für ihre Entscheidungen zu finden?
- Zeigen die Mitarbeiter ungewöhnlich starke Widerstände gegenüber Neuerungen?
- Fehlen neue, weiterführende Ideen?
- Herrscht ein ungewöhnlich geringer Personalwechsel?

Ohne bewusstes (strategisches) Stimulieren bewegt sich oft nichts. Das Problem ist: Hat eine Partei angefangen zu eskalieren, verliert sie leicht den begrenzten Zweck aus dem Blick. Sie will die Einstellung des anderen, nicht nur sein Verhalten ändern, will ihn besiegen, statt ebenbürtig zu behandeln (Waffengleichheit!), will sich selber durchsetzen, statt vernünftigen Argumenten zu folgen.

Konfliktstimulierung verlangt eine offene Haltung und das Geschick, eine drohende Eskalation flexibel abzufedern. Dabei sind einige Gesichtspunkte zu beachten:

- Klares Ziel: Was will ich erreichen? Langfristig, nicht nur kurzfristig!
- Begrenzt: Welche Grenze überschreite ich nicht? Nicht »aus dem Ruder laufen« lassen!
- Verhältnismäßig: Ist meine Eskalation angemessen? Den Ball flach halten!
- Priorität: Was ist mir wichtiger als der Konflikt? Plan B, wenn ich nichts erreiche!
- Respekt: Wie zeige ich anderen meinen Respekt, auch im Streit? Nicht entwürdigen!
- Flexibel: Wann lasse ich alles Taktieren? Eskalieren bleibt riskant, die Reaktion ist unvorhersehbar!
- Austritt Strategie: Wie deeskaliere ich rechtzeitig und glaubwürdig? »Die Kuh wieder vom Eis holen können«!

3.3.3 Formelles Konfliktmanagement

Wenn ein Konflikt den zweiten Eskalationsgrad – Spiele, Aktionen – erreicht oder die Form eines »kalten Kriegs« angenommen hat, können ihn die Konfliktparteien kaum mehr selbst in den Griff bekommen. Das Ineinander der verschiedenen seelischen Prozesse des Wahrnehmens, Fühlens und Handelns lässt einen Teufelskreis (siehe Abb. 30) entstehen, durch den sich die Parteien gegenseitig hochschaukeln und dadurch immer unfähiger werden, den Konflikt konstruktiv zu beenden. Ohne Eingreifen einer kompetenten und erfahrenen dritten Partei droht der Konflikt, außer Kontrolle zu geraten.

Die Rolle des neutralen Dritten kann unterschiedlich gestaltet sein, was schon die Vielzahl der Begriffe indiziert: Moderator, Praxisbegleiter (»Coach«), therapeutischer Begleiter (»Supervisor«), Vermittler (»Regler«), Schlichter (»Mediator«), Schiedsrichter (»Richter«), Machtinstanz. Die Rollen eines Coachs oder Supervisors kann nur ein externer Experte wahrnehmen, während die anderen Rollen zum Aufgabenspektrum einer Führungskraft gehören. Mäßig intensive Konflikte fordern eine Regelung (Moderation oder Vermittlung), eskalierte Konflikte oder solche, in denen die Beteiligten zu keiner Einigung gelangen, eine autoritative Entscheidung (Schiedsspruch oder Machtwort).

3.3.3.1 Moderation: Führende als Konfliktregler

Wenn Mitarbeiter in Konflikt miteinander geraten und ihn nicht aus eigener Kraft beilegen können, ist der Vorgesetzte als Konfliktmittler gefordert. In der Funktion einer dritten Partei ist es nicht seine Aufgabe, den Mitarbeitern seine Lösung vorzuschreiben oder zu verkaufen, sondern Rahmenbedingungen herzustellen, damit die Streitenden den Konflikt fair beenden können.

Als Konfliktregler übernimmt der Vorgesetzte folgende Aufgaben:

- Konfliktlage diagnostizieren
- Bedingungen für eine Aussprache festlegen
- Prozess lenken
- Vereinbarung verbindlich machen

Konfliktlage diagnostizieren

In getrennten Gesprächen sucht der Vorgesetzte herauszufinden, wie jede Seite den Konflikt wahrnimmt und beurteilt. Als Leitfaden kann der Diagnosebogen dienen (siehe Kap. 2.1.1, dort auch weitere Kriterien für eine genauere Analyse; zur Vertiefung siehe Ekkehard Crisand, 2010, in dieser Reihe). Die Diagnose erlaubt dem Konfliktregler einzuschätzen, inwieweit die Parteien zu einer direkten Aussprache fähig und bereit sind, über ein gesundes Selbstbewusstsein verfügen, belastbar sind, ihre Gefühle im Zaun halten können und generelle sprachliche Fertigkeiten beherrschen (zuhören, Gefühle verbalisieren, Gedankengänge stimmig formulieren).

Bedingungen für die Aussprache festlegen

- Besondere Aufmerksamkeit verdienen Hemmschwellen und Auslöser. Hemmschwellen verhindern und blockieren eine Aussprache.
  - Innere Hemmschwellen: Ängste einer Partei zu verlieren, nicht recht zu bekommen, über den Tisch gezogen zu werden, Angriffen nicht gewachsen zu sein, die eigenen Emotionen nicht im Griff zu haben, die passenden Worte nicht zu finden, die Anwesenheit der anderen Seite nicht zu ertragen. Wenn die Angst sehr stark ist, muss der Konfliktregler der Partei schützend zur Seite stehen.
  - Äußere Hemmschwellen: Meist Sachzwänge wie Zeitdruck, mangelnde Zuständigkeit, Normen der Gruppe, Führungsstil des Vorgesetzten, räumliche Trennung.
- Auslöser provozieren eine Auseinandersetzung: zugefügte Verletzungen (herabsetzende Bemerkung, abschätziges Grinsen, verächtliche Handbewegung), offenes Widersetzen (Vorschläge ablehnen, Widerstand ankündigen), Frust durch Misserfolg. Wenn eine sofortige Aussprache nicht ratsam ist, muss der Konfliktregler die Hemmschwellen heraufsetzen (räumliche Trennung, Unterbindung direkten Kontakts).
- Zeitpunkt und Zeitraum vereinbaren: Damit ist die Aussprache angekündigt, das Thema bekannt, die Parteien können sich darauf vorbereiten.
- Raum und Sitzordnung (am Tisch, im Kreis) soll Gleichheit betonen. Jeder soll mit jedem sprechen können.

- Teilnehmer sind neben dem Konfliktregler nur die unmittelbar Beteiligten (bei Gruppen höchstens sieben Mitglieder). Ziel der Aussprache ist, die Zusammenarbeit wieder herzustellen oder sie zumindest nicht zu behindern.
- Ziel ist nicht, beide zu versöhnen, sondern den offenen Konflikt beizulegen. Den Streitenden muss die Konsequenz klar sein, falls sie sich nicht einigen: dann spricht der Vorgesetzte ein Machtwort, er entscheidet autoritativ.

Prozess lenken

- Die Rolle des Konfliktreglers klarstellen: Er nutzt die Methoden eines Moderators (Ablauf strukturieren, Parteien zu einem lösungsorientierten Gespräch bewegen, siehe Rainer W. Stroebe, 2011, in dieser Reihe), übernimmt aber nicht dessen Neutralität. Er agiert vielmehr als autoritativer Moderator, der den Parteien deutlich macht, dass am Ende eine verbindliche Regelung zu stehen habe, die die Zusammenarbeit (wieder) sichert, andernfalls er bestimme, wie der offene Konflikt zu beenden ist.
- Für eine positive Atmosphäre sorgen: ein neutrales Umfeld wählen, Unterbrechungen vorsehen (Pause, Getränke), Stimmung auflockern (humorvolle Bemerkungen). Günstig ist eine Mischung von ernsthafter Zielorientierung und spielerischem Aufeinandereingehen.
- Phasen der Differenzierung (der Streitpunkte) und der Integration (der Lösungsideen) trennen: Zuerst müssen die gegenseitigen Vorwürfe klar benannt, die Forderungen aufgeschlüsselt und die Hauptpunkte herausgeschält werden, erst dann kann die Suche nach einer Einigung beginnen. Der Konfliktregler visualisiert die »Konfliktlandschaft« mit den Streitpunkten, veranschaulicht (horizontal) die Geschichte und (vertikal) die Verflechtung zu Mustern. Er klärt bei jedem Punkt das Ziel, das eine Partei damit verfolgt. Dann bringt er sie dazu, sich auf wenige Ziele festzulegen und Details auf später zu verschieben.
- Mit leichteren Streitpunkten beginnen: Wenn die Parteien erleben, dass sie sich rasch auf erste Ergebnisse einigen können, entwickeln sie Vertrauen zueinander und fassen Mut, auch die heikleren Themen anzupacken.
- Wichtige Themen als »Gesamtpaket« diskutieren: Da die Streitpunkte im Konflikt ineinandergreifen, ist es kaum möglich, sie logisch zu prio-

risieren. Der Konfliktregler soll das Gespräch eher assoziativ fließen lassen. Wenn das gesamte Konfliktfeld wie aus der Vogelperspektive in den Blick gerät, wird eher erkennbar, wo es unbedingt zu einer Einigung kommen muss, wo Kompromisse erträglich sind und welche Kompensationen zu leisten sind. Meistens wissen das die Parteien intuitiv schon recht bald. In dem Gespräch geht es häufig nur noch darum, das Gesicht zu wahren und nicht als Verlierer da zu stehen. Der Konfliktregler sollte deshalb auch kleine, meist indirekte Hinweise auf Zugeständnisse registrieren und aufzeichnen. Eine Partei, die zögernd ein Zugeständnis gemacht hat, muss deshalb nicht sofort darauf festgenagelt werden, ihr Entgegenkommen gilt es vielmehr festzuhalten, um am Schluss alle Einigungselemente miteinander vergleichen und gegeneinander abwägen zu können.

- Gefühlsgeladene Äußerungen zulassen: Gefühle gehören zu einem Konflikt wie das Salz zur Suppe. Wenn auch der Konfliktregler selbst vorwiegend die Vernunftanteile des Gesprächs hervorheben sollte, so darf er keineswegs gefühlsgeladene Äußerungen der Parteien als »unvernünftig« abwerten. Er sollte nur eingreifen, wenn eine Seite die andere verletzt (herabsetzt, beleidigt) oder das Gespräch zu blockieren sucht (endlose Selbstdarstellung, Anträge zur Geschäftsordnung usw.). Ein rein rationales Gespräch erzeugt oft nicht die notwendige Betroffenheit, die zum Einlenken nötigt. Gefühle signalisieren eindrucksvoller als Worte, wie wichtig eine Sache für eine Seite ist.

- »Waffengleichheit« herstellen: Wenn eine Seite der anderen verbal überlegen ist (formuliert geschickter, tritt selbstbewusster auf, strahlt mehr Überzeugungskraft aus, vermag für sich einzunehmen), muss der Konfliktregler die schwächere Seite ermutigen und unterstützen, um wenigstens ein gewisses Gleichgewicht herzustellen, besonders dann, wenn ihm die überlegene Seite sympathischer ist. Ein Rollentausch kann den Streitenden die Asymmetrie verdeutlichen und das Verhältnis wieder austarieren.

- Optimale Spannung durch Balance erhalten: Auseinandersetzungen laufen dann aus dem Ruder oder enden unergiebig, wenn grundlegende Aspekte in eine Schieflage geraten: die Parteien streiten zu viel oder zu wenig miteinander, zeigen zu viel oder zu wenig Wille zur Verständigung, gehen zu viel oder zu wenig aufeinander ein usw. Der Konfliktregler sollte darauf achten, dass besonders drei Aspekte ausgewogen zur Geltung kommen.

– Einzelheiten (Details) kommen zur Sprache, und dennoch bleibt das Hauptanliegen (übergeordnetes Ziel) im Blick.

– Externe Ursachen, in der Sache (Aufgabe) oder in Strukturen liegende Differenzen und Auslöser, werden aufgezeigt, und dennoch übernimmt jede Partei ihren persönlichen Anteil am Konflikt.

– Differenzen und Verschiedenheiten werden klar herausgestellt, und dennoch zeigen die Parteien Respekt voreinander und nehmen Rücksicht aufeinander.

Vereinbarung verbindlich machen

Die Aussprache hat das Ziel, die Parteien zu verpflichten, ihr destruktives Verhalten zu unterlassen: die andere Seite nicht mehr zu beeinträchtigen, einzuschränken, zu behindern oder zu verletzen. Der Konfliktregler kann eine Vereinbarung vorschlagen, die die Konfliktbeilegung nach sechs Gesichtspunkten regelt:

- Welches Verhalten jede Seite mehr/öfter als bisher zeigt.
- Welches Verhalten jede Seite weniger/seltener als bisher zeigt.
- Welches Verhalten jede Seite beibehalten wird.
- Was jede Seite unternimmt, damit die andere sich, wie gewünscht, verhalten kann.
- Wer wie häufig überprüft, ob diese Vereinbarung eingehalten wird.
- Welche Sanktionen greifen, wenn die Vereinbarung gebrochen wird.

Die Vereinbarung schriftlich festhalten und von allen Seiten unterschreiben zu lassen, erhöht die Verbindlichkeit.

3.3.3.2 Mediation: Professionelle Hilfestellung im Konflikt

Der Begriff »Mediation« wird im deutschsprachigen Raum nicht einheitlich verstanden und verwendet. In Deutschland definiert das 2012 in Kraft getretene Mediationsgesetz (Art. I des Gesetzes zur Förderung der Mediation und anderer Verfahren der außergerichtlichen Konfliktbeilegung) wie folgt:

§ 1 Mediationsgesetz

Mediation ist ein vertrauliches und strukturiertes Verfahren, bei dem Parteien mithilfe eines oder mehrerer Mediatoren freiwillig und eigenverantwortlich eine einvernehmliche Beilegung ihres Konflikts anstreben (§ 1 Abs. 1). Ein Mediator ist eine unabhängige und neutrale Person ohne Entscheidungsbefugnis, die die Parteien durch die Mediation führt (§ 1 Abs. 2).

Die Juristen streiten darüber, welche Verfahren im Geltungsbereich des Gesetzes als Mediation im Rechtssinne zu verstehen sind, und welche nicht. Außerdem gilt das deutsche Mediationsgesetz selbstverständlich weder in Österreich noch in der Schweiz. Und auch in Deutschland selbst wird der Begriff »Mediation« keineswegs immer so verstanden, wie er im Gesetz definiert ist. Im Gegenteil: Es gibt eine Vielzahl von Verfahren (wie etwa die Moderation oder die Deal Mediation) die umgangssprachlich als Mediation bezeichnet werden ohne Mediation im Rechtssinne zu sein (Georg Berkel, 2024 I, S. 13).

Für die folgenden Ausführungen ist diese Einstufung ohne Bedeutung. Dem Leser wird jedoch empfohlen, bei der praktischen Durchführung eines entsprechenden Verfahrens und in Zweifelsfällen eine rechtliche Klärung herbeizuführen.

Entscheidend für die Mediation sowohl im umgangssprachlichen als auch im juristischen Sinne ist, dass der Dritte für den Konfliktbearbeitungsprozess verantwortlich ist, an dem die Parteien freiwillig teilnehmen. Der Dritte versucht, die Parteien dabei zu unterstützen, ihren Konflikt selbst zu lösen, ohne eigene inhaltliche Entscheidungsbefugnisse zu haben. Ziel des Verfahrens ist die informierte und eigenverantwortliche Bewältigung durch die Konfliktparteien selbst. Es ist »ihr« Konflikt – und sie können am besten entscheiden, wie er zu lösen ist (Georg Berkel, 2024 I, S. 13).

Mediationsverfahren können in allen Lebensbereichen Anwendung finden. So wird Mediation seit den 1980er Jahren in Familienstreitigkeiten, insbesondere zur einvernehmlichen Regelung von Trennung und Scheidung, eingesetzt. Auch im Wirtschaftsleben wird das Verfahren sowohl innerhalb von Organisationen als auch bei Konflikten zwischen Unternehmen eingesetzt.

Bei Konflikten innerhalb der Organisation müssen Vorgesetzte sorgfältig prüfen, ob sie selbst die Konfliktregelung übernehmen oder externen Experten überlassen. Involviertheit und Kompetenz dienen als Entscheidungskriterien. Je mehr der Führende selbst Partei ist und je weniger er sich zutraut, den Konflikt rasch und nachhaltig beizulegen, desto eher sollte er Experten für die einvernehmliche Konfliktbewältigung hinzuziehen. Diese können aus der eigenen Organisation kommen, z. B. aus der Personalabteilung, oder von außen hinzugezogen werden. Mediation, die Aussicht auf Erfolg hat, erfordert neben den üblichen professionellen Kompetenzen konzeptioneller, methodischer und sozialer Art (s. Alexander Redlich, 1997 und Friedrich Glasl, 2002) auch eine gewisse Vertrautheit mit der Organisation, die in kompatiblen Wertüberzeugungen zum Ausdruck kommt. Als Mediator findet in Unternehmen eher Akzeptanz, wer selbst unternehmerisch zu denken gewillt ist, in kirchlichen Organisationen, wer sich zum christlichen Glauben bekennt, in politischen Verbänden, wer den passenden Stallgeruch mitbringt.

Während bei Konflikten innerhalb von Organisationen häufig Beziehungs- und Wertkonflikte im Vordergrund stehen, geht es bei Konflikten zwischen Unternehmen in der Regel um die Klärung von Sachfragen. In den meisten Fällen klären die Parteien diese Sachfragen auf dem Verhandlungsweg und legen ihren Konflikt einvernehmlich bei. Wenn sie das nicht wollen oder können, steht ihnen im Rechtsstaat der Weg zu Gericht offen. Aber dieser Weg ist meist mühsam, langwierig und teuer. Außerdem zerstört ein Prozess häufig die persönlichen und wirtschaftlichen Beziehungen der Beteiligten (Jörg Risse, 2022, S. 2).

Das Gericht kennt zudem meist nur »win-lose« Lösungen: Entweder gewinnt die eine oder die andere Seite. Oder beide bekommen teilweise Recht. Was das Urteil der einen Partei zuspricht (»win«), muss auf Kosten der anderen Partei gehen (»lose«) – und umgekehrt. Für die Parteien ist das Urteil also unterschiedlich gut. Dabei kann das Urteil, je nach Interessenlage, für die obsiegende Partei durchaus die bestmögliche Konfliktlösung darstellen. Und natürlich gibt es Urteile, die für eine Partei ein besseres Ergebnis darstellen als bei einer einvernehmlichen Lösung möglich gewesen wäre. Zu wessen Gunsten ein Rechtsstreit aber auch ausgeht: Meist sind beide Seiten in der Überzeugung vor Gericht gegangen, im Recht zu sein und ihre Vorstellungen voll durchsetzen zu können. Diese Überzeugung erweist sich regelmäßig für eine oder sogar beide Seiten als unzutreffend (Georg Berkel, 2024 II, S. 10).

Hier liegt die Ursache für die vermehrte Nutzung der Wirtschaftsmediation. Sie bietet statt der Fortsetzung des Konflikts oder der Anrufung der Gerichte einen »dritten Weg«: Die strukturierte Verhandlungsführung und Vermittlung durch einen nicht entscheidungsbefugten und neutralen Dritten (Jörg Risse, 2022, S. 2).

Der Anwalt und Mediator Jörg Risse stellt gängige Fehlvorstellungen zur Wirtschaftsmediation richtig (Jörg Risse, 2022, S. 5): Der Mediator erörtert mit den Konfliktparteien nicht etwa konzeptlos die Möglichkeiten einer friedlichen Konfliktlösung. Die Mediation strebt auch nicht aus ideologisch-weltanschaulichen Gründen die Versöhnung der Kontrahenten an. Der Mediator ist kein weiser alter Mann und auch keine lebenskluge Frau, die für jede Lebenslage salomonische Lösungen parat hat. Vielmehr knüpft die Mediation an Erkenntnisse der Verhandlungsforschung an, wonach Parteien in bilateralen Verhandlungen eine an sich mögliche Einigung verpassen, weil sie falsch verhandeln. Diesem Verhandlungsdilemma begegnet die Mediation, indem sie einen speziell geschulten Dritten einschaltet, der die Verhandlung strukturiert und auf die Einhaltung sinnvoller Verhandlungsabläufe achtet. Auf diese Weise sollen vorhandene, aber verborgene Entscheidungsspielräume ausgelotet und neue Handlungsspielräume eröffnet werden. Wirtschaftsmediation ist dabei kein unjuristisches Verfahren. Recht und Gesetz haben eine vielschichtige Bedeutung, die über die Rolle des Rechts im Verfahren als bloßer Entscheidungsmaßstab hinausgeht. Die Beteiligung von Juristen ist daher regelmäßig erforderlich. Richtig ist aber auch, dass die Wirtschaftsmediation nicht bei der rechtlichen Einordnung des Konflikts stehen bleibt, sondern wirtschaftliche und persönliche Aspekte strukturiert in die Einigungsüberlegungen einbezieht. Die Mediation stellt sich damit insgesamt als ein nüchternes, rationales und sachorientiertes Verfahren dar, in dem beide Parteien ohne Vergleichsdruck Einigungsmöglichkeiten ausloten. Am Ende des Verfahrens können die Parteien frei zwischen dem erzielbaren Konsens und dem – vielleicht aussichtsreicheren – Gang zum Gericht wählen. In geeigneten Fällen kann die Mediation den Konfliktparteien so auch die Möglichkeit bieten, zu klären, ob eine gerichtliche Auseinandersetzung wirklich notwendig und sinnvoll ist (Jörg Risse, 2022, S. 5).

Ob bei Konflikten zwischen oder innerhalb von Organisationen: Mediation und Moderation sind in der Substanz deckungsgleich. Konzepte, Verfahren und Kompetenzen, über die ein Mediator verfügen muss, sind im Kern die gleichen wie die eines Moderators. Sie basieren auf dem grundlegenden sozial- und organisationpsychologischen Fundus an Erfahrungen und Können, wie sie hier dargestellt worden sind. Mediation ist, zumindest im Anwendungsbereich des deutschen Mediationsgesetzes, formal geregelt und rechtlich abgesichert, weshalb als Mediator häufig Personen mit juristischen Fachkenntnissen tätig sind. Hier legen wir unser Augenmerk auf drei Punkte: die Mediationsvereinbarung, das Verfahren und der Abschlussvertrag.

- **Mediationsvereinbarung**

Die Mediation beginnt oft mit einem einseitigen Erstkontakt, der in der Regel die Partei initiiert, die eine Lösung sucht. Alternativ können auch externe Faktoren wie eine Mediationsklausel in einem Vertrag oder ein Mandat eines Dritten das Verfahren in Gang setzen. Erstere bilden häufig den Ausgangspunkt für Mediationsverfahren zwischen Organisationen, letztere häufig für Mediationsverfahren innerhalb von Organisationen. Konflikte zwischen Unternehmen werden in der Praxis häufig auf der Grundlage von Streitbeilegungsklauseln aus den zwischen ihnen geschlossenen Verträgen beigelegt. Vertragliche Streitbeilegungsklauseln sehen die Mediation in der Regel als Vorstufe zu rechtlichen Schritten vor und betonen eine strukturierte Konfliktbewältigung (Georg Berkel, 2024 I, S. 91)

Als Beispiel diene die kombinierte Mediations- und Schiedsgerichtsklausel der Industrie- und Handelskammer (IHK) für München und Oberbayern (Stand 1.Januar 2023): »Die Parteien verpflichten sich, im Falle einer sich aus diesem Vertrag oder seiner Gültigkeit ergebenden oder sich darauf beziehenden Streitigkeit zunächst miteinander Verhandlungen aufzunehmen, um eine einvernehmliche Lösung zu erzielen. Im Falle der Nichteinigung innerhalb von 30 Tagen ist auf Antrag einer Partei ein außergerichtlicher Einigungsversuch im Wege der Mediation nach den Bestimmungen des IHK MediationsZentrum zu unternehmen. Sofern innerhalb von weiteren 60 Tagen keine Einigung im Wege der Mediation erfolgt, kann jede Partei ein Schiedsverfahren nach Schiedsgerichtsordnung der IHK einleiten. Die Parteien schließen insoweit den ordentlichen Rechtsweg aus. Gerichtliche Eilentscheidungen bleiben zulässig.«

Wie auch immer das Verfahren seinen Anfang nahm: Zu Beginn steht immer die Auftragsklärung des Mediators mit dem Auftraggeber, z. B. der Geschäftsführung, der Personalabteilung oder dem Betriebsrat. Dabei geht es um die Identifizierung von Schlüsselfragen (Christine Rabe & Martin Wode, 2023, S. 117). Danach muss der Mediator bestimmen, wer am Verfahren beteiligt werden muss, insbesondere in der ersten Sitzung, um den Konflikt umfassend zu behandeln. Die Komplexität der Situation bestimmt die Anzahl der Teilnehmer, und der Mediator muss ein Gleichgewicht zwischen Gründlichkeit und Effizienz herstellen. Zu den wichtigsten Überlegungen gehört die Wahrung von Neutralität und Vertraulichkeit während der ersten Gespräche.

Diese Überlegungen bestimmen den Inhalt der Mediationsvereinbarung. Diese beschreibt die Rechtsbeziehung zwischen den Parteien und dem Mediator. Sie umfasst insbesondere die Einzelheiten des Mediationsverfahrens, die Regeln der Zusammenarbeit und die Vertraulichkeit. Die Mediationsvereinbarung stellt sicher, dass alle Parteien ein gemeinsames Verständnis für das Verfahren und ihre Verpflichtungen haben.

Meistens werden folgende Punkte in der Mediationsvereinbarung geregelt, wobei sich der konkrete Regelungsgehalt aus dem jeweiligen Sachverhalt ergibt (Christine Rabe & Martin Wode, 2020, 121 f.):

- Umfang der Mediationstätigkeit, Leistung und Auftrag, Auftrag des Mediators
- Leistungszeit und -ort
- Kostenübernahme des Verfahrens
- Vergütung des Mediators
- Abrechnungsmodus (z. B. Zeiteinheiten, Pauschalvergütung)
- Bezeichnung der voraussichtlichen Konfliktparteien der Mediation
- Verschwiegenheitspflichten und -rechte des Mediators gegenüber dem Auftraggeber
- Berichtspflichten des Mediators
- Art und Umfang der Dokumentation der Mediationsergebnisse
- Haftung des Mediators

Die Mediationsvereinbarung stellt rechtlich einen Dienstvertrag mit Geschäftsbesorgungscharakter gemäß § 611 und § 675 Abs. 1 BGB dar. Dies bedeutet, dass der Mediator nicht für den Erfolg des Mediationsverfahrens verantwortlich ist, sondern lediglich für die ordnungsgemäße Dienstleistung der Expertenintervention (Christine Rabe & Martin Wode, 2020, S. 140).

- **Mediationsverfahren**

Den Ablauf der Mediation strukturiert der Mediator in der Regel nach den Phasen der strukturierten Problemlösung, wie sie in der Moderation üblich sind (s.3.3.1.1, 3.4.2):

- Themen sammeln, Schlüsselfragen priorisieren
- Positionen sichtbar machen, zugrunde liegende Interessen und Bedürfnisse identifizieren
- Lösungsideen entwickeln, sich auf Bewertungskriterien einigen
- Erste Maßnahmen festlegen, Hindernisse identifizieren, Umsetzungsplan erarbeiten, evtl. Fachleute (Rechtsanwälte, Finanzberater, Therapeuten) hinzuziehen.

Insbesondere bei der Interessenklärung und der Entwicklung von Lösungsideen kann der neutrale Dritte wertvolle Hilfestellung leisten. Auf diese Weise können Lösungen entwickelt werden, die von den Parteien selbst in der festgefahrenen Verhandlungssituation nicht hätten identifiziert werden können. Als Beispiele mögen zwei Mediationsverfahren dienen, die vom amerikanischen Hochschullehrer Michael Wheeler beschrieben wurden:

Kreative Konfliktlösung

Michael Wheeler beschreibt die Kreativität, die es dem amerikanischen Diplomaten Richard Holbrooke ermöglichte, in den 1990er Jahren einen Waffenstillstand zwischen Serben und Bosniern im ehemaligen Jugoslawien zu vermitteln. Serbische Bewaffnete schossen auf Autos mit bosnischen Nummernschildern. Die Nummernschilder trugen lateinische Buchstaben, während die Serben das kyrillische Alphabet verwendeten. Keine der beiden Seiten konnte sich dazu durchringen, das Alphabet der anderen Seite für ihre Nummernschilder zu akzeptieren. Holbrookes Lösung? Man sollte nur die zehn Buchstaben verwenden, die beide Sprachen gemeinsam haben. Schauen Sie sich die folgenden Buchstaben an. Die Buchstaben, die in beiden Alphabeten verwendet werden, sind fett markiert. Dies sind die Buchstaben, auf die sich Holbrooke konzentrierte (Michael Wheeler, 2013, S. 210; Georg Berkel, 2021, S. 89):

А Б **В** Г Д **Е** Ж З И **J** К Л **М** **Н** **О** П **Р** С **Т** У Ф Х Ц Ч Ш

Gemeinsame Anreize

Zwischen dem Betreiber einer Mülldeponie und den Anwohnern kam es wegen einer geplanten Erweiterung der Deponie zu einem Konflikt. Die Anwohner beschwerten sich über Müll, der in ihre Gärten geweht wurde, während der Betreiber sich weigerte, für die Reinigung zu bezahlen. Nach gescheiterten Vermittlungsversuchen wurde ein externer Mediator eingeschaltet. Dieser schlug eine kreative Lösung vor: Die Deponie stellt jährlich 100.000 Dollar für Sanierungskosten zur Verfügung. Die Stadt verwaltet den Fonds und schreibt die Sanierungsarbeiten aus. Am Ende des Jahres wird der Restbetrag aufgeteilt: Die Hälfte geht an den Betreiber, die andere Hälfte steht der Stadt zur freien Verfügung. Diese Lösung bot Vorteile für alle Beteiligten: Die Anwohner erhielten Garantien für die Sanierung. Der Deponiebetreiber begrenzte sein finanzielles Risiko. Die Stadt erhielt Anreize zur Kostenkontrolle und zusätzliche Mittel. Alle Parteien hatten nun ein gemeinsames Interesse an einer effizienten Abfallvermeidung (Michael Wheeler, 2013, S. 219; Georg Berkel, 2021, S. 119–120).

Die beiden Beispiele zeigen, wie in scheinbar ausweglosen Konfliktsituationen kreative Lösungen gefunden werden können, indem die Interessen aller Beteiligten berücksichtigt werden. Mit Hilfe des Mediators gelange es den Parteien, sich selbst Anreize für die Umsetzung der gefundenen Lösung zu setzen.

Jedes Mediationsverfahren endet anders (und nicht alle erfolgreich). Am Ende der Mediation können die Emotionen zwischen Erleichterung und Skepsis schwanken – bisher latente Konflikte sind offenbar, die Schwierigkeiten einvernehmlichen Handelns aber auch deutlich geworden. Die diffusen Gefühle muss der Mediator an ganz konkrete Maßnahmen binden und Personen mit der Umsetzung beauftragen lassen, denen die Verantwortlichen auch die erforderlichen Ressourcen (Zeit, Geld) offiziell zubilligen. Die gefundene Lösung sowie deren Umsetzung werden in der Abschlussvereinbarung festgehalten:

- **Abschlussvereinbarung**

Die Abschlussvereinbarung muss praktikabel sein und klar definierte Maßnahmen und Zeitpläne enthalten, um ihre Einhaltung zu gewährleisten. Sie sollte alle Aspekte des Konflikts abdecken und einen Rahmen für die künftige Streitbeilegung bieten. Dies gilt auch für »unvorhergesehene Ereignisse und deren Folgen.« Ebenso kann die Hinzuziehung weiterer Experten, z. B. Rechts- oder Finanzberater, erforderlich sein, um die Tragfähigkeit der Vereinbarung zu gewährleisten (Christine Rabe & Martin Wode, 2020, S. 232).

Der Mediator muss sicherstellen, dass die endgültige Vereinbarung den rechtlichen Anforderungen entspricht. So können beispielsweise Vereinbarungen über Eigentumsrechte oder langfristige Mietverträge die Einhaltung bestimmter Rechtsformen oder auch eine notarielle Beurkundung erfordern. Die Nichteinhaltung solcher rechtlicher Anforderungen kann zur Unwirksamkeit der Vereinbarung und zu Haftungsrisiken für den Mediator führen (Christine Rabe & Martin Wode, 2020, S. 228).

Sobald die Parteien eine tragfähige Vereinbarung gefunden haben, müssen sie entscheiden, wie sie sie den relevanten Interessengruppen mitteilen wollen: Das Ergebnis einer von Dritten initiierten Mediation z. B. einem Arbeitgeber, muss in Übereinstimmung mit den zu Beginn der Mediation getroffenen Vertraulichkeitsvereinbarungen kommuniziert werden. Unter Umständen kann dies eine Neuverhandlung bestimmter Bedingungen erforderlich machen, um widersprüchliche Verpflichtungen zu vermeiden (Christine Rabe & Martin Wode, 2020, S. 234)

Feedback und Follow-up empfehlen sich auch nach erfolgter Abschlussvereinbarung. Im Idealfall wirkt der Mediator darauf hin, dass eine Nachbereitung der Konfliktbearbeitung stattfindet, um die gefundene Lösung auf ihre Tauglichkeit und Umsetzung zu überprüfen, aber auch um auf Veränderungen oder neue Konflikte reagieren zu können. Dies kann in Form eines regelmäßigen Follow-up, zusätzlicher Mediationssitzungen oder eines längerfristigen Coachings geschehen. Viele Vereinbarungen enthalten eine Mediationsklausel, die die Parteien verpflichtet, eine Mediation zu versuchen, bevor sie andere Konfliktbewältigungsmethoden anwenden, falls während der Umsetzung Streitigkeiten auftreten (Christine Rabe & Martin Wode, 2020, S. 235)

3.4 Kooperative Konfliktbewältigung: Einigung durch die Beteiligten

Die Rolle des Richters ist eine der ältesten in der menschlichen Geschichte. Sie gründet in der Erfahrung, dass Konflikte unter Ranggleichen (Paare, Kollegen, Partner) besonders schwer zu lösen sind. Die Dynamik, in die der Konflikt die Beteiligten hineinzieht, macht es ihnen fast unmöglich, ihre Anliegen, die der Gegenseite und auch noch den Prozess gleichzeitig im Auge zu haben. Nicht wenige Forscher behaupten deshalb, die Parteien seien überhaupt nicht imstande, den Konflikt allein zu lösen. Das Leben fordert aber genau dies: die alltäglichen Konflikte untereinander so zu bewältigen, dass man weiterhin gut miteinander leben und zusammenarbeiten kann. Das kooperative Konfliktgespräch integriert Erkenntnisse der Konfliktforschung, wie Ranggleiche einen Konflikt konstruktiv bewältigen können. Die Kerngedanken sind auch auf heftige Formen kontroverser Verhandlung anwendbar.

3.4.1 Das kooperative Konfliktgespräch

Das kooperative Konfliktgespräch bietet den Parteien einen Leitfaden, ihren Konflikt so in den Griff zu bekommen, dass sie (wieder) situationsbezogen erleben und zielorientiert handeln können. Das kooperative Konfliktgespräch verläuft in sechs Phasen:

- Phase A: Der Konflikt beginnt in der Person, wenn sie wahrnimmt, dass eine andere sie stört, behindert oder verletzt. Wir reagieren darauf spontan (nicht immer bewusst) mit erhöhter Erregung, um die Situation zu überwinden. Konfliktbewältigung muss folglich in der Person anfangen. Erste Aufgabe ist es, die eigene Erregung unter Kontrolle zu bringen. Nur dann besteht die Chance zu einer konstruktiven Auseinandersetzung.

- Phase B: Nun ist ein Blickwechsel erforderlich, nämlich auf die andere Konfliktpartei. Wie kann eine Beziehung hergestellt werden, die eine Lösung ermöglicht? Vertrauen ist dafür unabdingbar. Vertrauensbildende Maßnahmen sind also der nächste Schritt.

- Phase C: Vertrauen bei der Konfliktbewältigung bedarf der ständigen Vergewisserung. Offene Kommunikation kann das zuwege bringen.

- Phase D: Erst jetzt ist es ratsam, die Sache (den Streitpunkt) zur Sprache zu bringen. Vertrauen und offene Kommunikation schaffen die Bereitschaft, sich auf eine gemeinsame Problemlösung (Integration) einzulassen.

- Phase E: Die Lösung (Vereinbarung, Regelung) bedarf der Absicherung, um das Vertrauen nicht zu überspannen. Niemand ist gefeit, Vertrau-

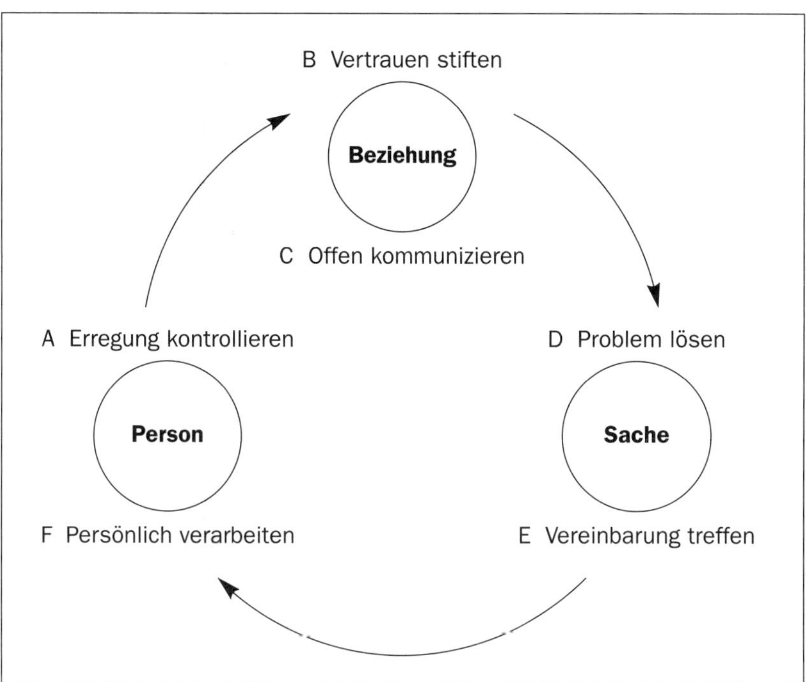

Abb. 49: Das kooperative Konfliktgespräch

en einmal zu missbrauchen, wenn er sich unbeobachtet oder dazu berechtigt wähnt. Regeln (Normen) entlasten in solchen Versuchungen. Die normative Regelung der Vereinbarung sichert Verbindlichkeit.

- Phase F: Der Konflikt ist auf der sozialen Ebene gelöst, aber damit noch nicht in der Person aufgelöst. Die Partei muss die Vereinbarung auch innerlich bejahen und annehmen. Der Konflikt ist erst dann wirklich bewältigt, wenn jede Partei ihn innerlich verarbeitet hat. Die Konfliktbewältigung endet, wo sie begonnen hat: im Inneren der Person.

Das Sechs-Phasen-Modell kooperativer Konfliktbewältigung beruht auf der Annahme, dass Konflikte gleichzeitig zwei einander entgegengesetzte Prozesse aktivieren.

- Kognitive und emotionale Prozesse: Das gedankliche Ringen um eine Lösung ist dann kreativ und konstruktiv, wenn es in ein gefühlsmäßig akzeptables Klima eingebettet ist. Denken in feindseliger Stimmung mag zwar scharf und spitz sein, trägt aber kaum zur Einigung bei. Konflikte belasten, deshalb beginnt und endet das Phasenmodell bei den Emotionen der Parteien.

- Intra- und interpersonale Prozesse: Das Phasenmodell ordnet diese Verschränkung in einen kreisförmigen Ablauf ein und kann so verdeutlichen, was es heißt, Konflikte wirklich zu beenden, statt sie von einer Ebene auf die andere zu verschieben.

Phase A: Erregung kontrollieren

Ein Konflikt beginnt stets mit einer Störung. Das Verhalten einer anderen Person behindert unsere zielgerichtete Aktivität oder verletzt unser ausgeglichenes Erleben. Störungen mobilisieren in uns blitzschnell Energie, aktivieren Impulse. Sie wahrzunehmen und so weit unter Kontrolle zu halten, um ein vernünftiges Gespräch einzuleiten, ist die erste Anforderung. Für die erste Phase können folgende Aspekte wichtig sein.

- Angst und Ärger – die beiden Grundemotionen im Konflikt. Wozu neige ich?
- Die eigenen Emotionen disziplinieren
- Humor – eine unterentwickelte Konfliktfähigkeit
- Die Situation überblicken und einschätzen
- Auf die Emotionen der Gegenseite konstruktiv reagieren

Angst und Ärger – die beiden Grundemotionen im Konflikt

Die Erregung drängt uns in eine biologisch vorgezeichnete Grundrichtung: Flucht oder Kampf (flight or fight), emotional erlebt als Angst oder Ärger.

Kampf und Flucht sind die Endpunkte auf dem Kontinuum »Annäherung vs. Vermeidung«, das die Spannweite angibt, mit der Lebewesen auf starke Umweltreize reagieren. Konflikte gehören dazu, der Konflikt mit dem Vorgesetzten ist nochmals von besonderer Brisanz. Das Verhalten eines Mitarbeiters in einem solchen Konflikt lässt sich recht anschaulich auf dem Kontinuum »Annäherung – Vermeidung« einordnen und die dazu passenden Emotionen »Ärger oder Angst« zuordnen. Die Skala kann beispielsweise so aussehen (1 – 8 Annäherung, 9 – 12 Vermeidung):

Flucht ↓ **Angst**	**Kampf** ↓ **Ärger**
Angst macht sich leicht breit, wenn ich • angegriffen werde, • mit Mächtigeren zusammenstoße, die ihre Überlegenheit drohend ausspielen, • mich unsicher fühle, • unvorbereitet bin.	Ärger entsteht, wenn ein anderer mich • behindert, indem er Regeln verletzt (Verkehr), • unfair behandelt, • öffentlich beschämt, • ungerechtfertigt beschuldigt.
Angst äußert sich körperlich als Schwitzen, Zittern, Herzklopfen, heisere Stimme. Das Blut »gefriert«, schießt in die Füße → fliehen: abwenden oder wegrennen.	Ärger äußert sich körperlich in erhöhtem Adrenalinausstoß, Lautstärke, Drohgebärden. Das Blut »kocht«, schießt in die Hände → kämpfen: zuschlagen oder abwehren.

Abb. 50: Die zentralen Konfliktaffekte Angst und Ärger

Anlässe für Angst und Ärger im Beruf (häufig genannt):

- Launische (»ungeduldige«) Vorgesetzte, reizbare Kollegen
- Zeitdruck
- Null-Summen-Struktur: kann nur gewinnen oder verlieren
- Übertriebene Forderungen anderer
- Übergangen werden
- Persönliche Animosität
- Kompetenz (Zuständigkeit) wird in Frage gestellt

Angst und Ärger können eine Konfliktbewältigung erleichtern oder erschweren. Entscheidend ist die Intensität: Zu schwache und zu heftige Emotionen hindern eine Einigung, eine mittlere Ausprägung ist dagegen förderlich. Emotionsintensität und Einigungschance stehen in umgekehrt U-förmiger Beziehung zueinander.

1. Ich mache mich über ihn lustig.	Annäherung
2. Ich spiele ihm einen üblen Streich.	
3. Ich mache eine taktlose Bemerkung oder Geste.	
4. Ich behandle ihn respektlos.	
5. Ich diskriminiere ihn (ethnisch, religiös, rassistisch).	
6. Ich stelle ihn bloß.	
7. Ich beschimpfe ihn.	
8. Ich äußere mich verletzend über ihn.	
9. Ich halte so weit wie möglich Distanz zu ihm.	
10. Ich ziehe mich von ihm zurück.	
11. Ich gehe ihm aus dem Weg.	
12. Ich weigere mich, mit ihm zu sprechen.	Vermeidung

Abb. 51: Annäherung und Vermeidung im Konflikt mit dem Vorgesetzten
(D. Lance Ferris et al. 2016, 1080)

Die eigenen Emotionen disziplinieren

Die Wahrnehmung, dass uns jemand behindert, ruft mit den unterschiedlich gerichteten Emotionen einen »bunten Strauß« von Bildern hervor, wie wir darauf reagieren könnten. Emotionen verbinden sich mit Bildern zu einem Impuls. Wenn Person A einen anderen Impuls verspürt als Person B, dann aufgrund individueller Verknüpfung von Emotion und Bild. Weil Emotion und Gedanke nur locker verbunden sind, können Menschen höchst vielfältig auf Reize (Konflikte) reagieren; ihr Verhalten ist nicht mechanisch determiniert wie bei Tieren. Wir können Emotionen und Vorstellungen auseinanderhalten.

Der Druck einer angespannten Konfliktsituation schwächt diese integrative Fähigkeit. Emotion und Vorstellung fallen auseinander und erscheinen dann als zwei typische Konfliktphänomene: Verdrängung und Wut.

- Bei der Verdrängung nimmt die Person zwar wahr, dass sie behindert wird, spürt aber keinen Ärger. Wie das? Die Person hat zwar, wie die Tiefenpsychologie zeigt, heftige Empfindungen, doch sie hindert sie am

Bewusstwerden, macht sie unbewusst. Der Grund? Die Gefühle sind zu intensiv, entweder schmerzhaft oder überwältigend, damit bedrohlich. Bewusst wird allein die Wahrnehmung, behindert worden zu sein.

- Bei der Wut, dem anderen Extrem, reagiert die Person auf die Behinderung wie ein Stier auf ein rotes Tuch: Sie ist sofort aufs äußerste erregt, verliert die Kontrolle, »dreht durch« und handelt im wörtlichen Sinne blind vor Wut. Bewusst wird allein die Emotion.

Verdrängung und Wut zeigen anschaulich, was destruktive Konfliktbewältigung meint: Zwei notwendig zusammengehörende Vorgänge, Denken und Fühlen, werden auseinandergerissen und entfalten isoliert ihre ungebändigte Kraft. Die Person unterdrückt eine Funktion – vergeblich, wie wir wissen. Wenn eine Person im Konflikt schon mit sich so umgeht, wie erst mit anderen, wo es gilt, alle Seiten anzuerkennen? Konstruktive Konfliktbewältigung setzt voraus, dass gefühlsgeladene Vorstellungen und phantasierte Handlungsimpulse bewusst sind.

Übung 15: Verdrängen oder wüten?

Wie reagieren Sie auf folgende Situationen?

- Sie glauben, korrekt gefahren zu sein. An der Ampel schreit Sie jedoch ein Autofahrer an, er werde Sie wegen Nötigung anzeigen.
- Sie sind müde und wollen gerade zu Bett gehen. Da läutet es, und Freunde stehen vor der Tür.
- Sie haben Ihren Sohn/Ihre Tochter wiederholt aufgefordert, den Tisch abzuräumen. Er/Sie reagiert jedoch nicht.
- Zwei Kollegen unterbrechen jedes Mal das Gespräch, wenn Sie auftauchen.
- Der Meister ist mit Ihrer Arbeit unzufrieden und kündigt an, den Auftrag nächstes Mal einem Kollegen zu geben.
- Ein Kollege hat wieder einmal ein Werkzeug/eine Akte, die Sie dringend benötigen, nicht an den richtigen Ort zurückgelegt.

---

1. Registrieren Sie Ihre ersten Reaktionen.
2. Wie weit sind Ihnen bestimmte Gefühle bewusst? Wie klar sind Ihre Vorstellungen, was Sie tun möchten?
3. Welchen Weg sehen Sie, Gefühle und Gedanken so auszudrücken, dass eine befriedigende Konfliktbewältigung möglich erscheint?

Gehen wir einen Schritt weiter. Selbst wenn mir bewusst ist, dass ich dem Autofahrer, der mich so grundlos anschreit, am liebsten eine runterhauen möchte – soll ich diesem Impuls nachgeben? Das – wenn auch nur kurzfristige – Zögern vor der Realisierung des Handlungsimpulses leitet die eigentliche Konfliktbewältigung ein. Ohne diese, die Handlung aufschiebende Frage: »Was soll ich tun?«, kommt keine fruchtbare Konfliktbewältigung zustande. Hier wird überdeutlich, dass die Konfliktbewältigung in der Person beginnt.

Wie kommt es zu dieser verzögernden Überlegung? Indem die Person dem affektgeladenen Impuls eine ebenfalls gefühlsbestimmte Hemmung gegenüberstellt. Den heftigen Drang, den anderen anzuschreien, hemmen ebenso affektgeladene Vorstellungen, z. B. über die Folgen: Passanten werden aufmerksam, ich lasse mich zu Beschimpfungen hinreißen, der andere ist mir an Grobheit überlegen usw. Gefühlsgeladene Handlungsimpulse können nur durch ebenfalls gefühlsgeladene Vorstellungen an der Umsetzung gehindert werden.

Eine kurze Begründung: Abstrakte Erwägungen besitzen nicht die Kraft, Handlungsimpulse aufzuschieben oder zu schwächen. Wenn mein Verhalten keine ernsthaften Folgen hat, hält mich nichts davon ab zuzuschlagen. Die bedrohlichen Folgen, mehr geahnt als bewusst, sind nicht allein soziale (Sanktionen der Öffentlichkeit, private Rache), sondern noch mehr seelische (Scham, Schuld). Alle Moralsysteme hemmen impulsives Handeln durch gefühlsgeladene Veranschaulichung der negativen Folgen. Das gilt für die Frohe Botschaft ebenso wie für den Kategorischen Imperativ: Jesus zögert nicht, die ewige Verdammnis denen anzudrohen, die Gottes Einladung ausschlagen, Kant postuliert als entscheidende Triebfeder das moralische Gefühl, antizipiert als Demütigung unserer Selbstachtung, falls wir uns nicht an das moralische Gesetz halten. Sicher, wir handeln nicht nur aus Angst moralisch, doch scheint es realistisch anzunehmen, dass die Antizipation bedrohlicher Folgen tatsächlich die meisten Menschen bewegt, ihren Impulsen nicht nachzugeben.

Die Fähigkeit, impulshemmende Überlegungen einzuschalten, ist Frucht der moralischen Erziehung und macht uns zur Persönlichkeit. Zur bewussten Lebensführung gehört nicht nur die Verantwortung für das eigene Tun (und Lassen), sondern auch die entschiedene Haltung, Konflikte im Zusammenleben friedlich auszutragen. Friede beginnt in uns, in der wachsenden Bereitschaft, Zorn und Ärger zu empfinden und dennoch nicht umgehend an anderen auszulassen. Tugend meint genau dies: sich durch stetes Üben gute Gewohnheiten anzueignen. Fried-Fertigkeit ist nicht utopische Forderung der Bergpredigt, sie ist moderne Tugend.

Setzen wir die Überlegungen fort. Wie bringt man es zuwege, die innere Erregung mental zu dämpfen? Grundsätzlich stehen uns dafür zwei Wege offen:

- Blockieren: sich hindern, körperlich oder verbal zu attackieren
  - aufstehen, tief durchatmen, Gegenstand auf den Boden werfen
  - innerer Befehl: Stop!
- Umlenken: die Erregung auf ein anderes Ziel lenken
  - an etwas Schöneres oder Schlimmeres denken
  - in die Beobachterrolle schlüpfen, sich und die Gegenseite von außen sehen
  - sich darauf konzentrieren, die Gegenseite zu einer Aussprache zu bewegen

Der letzte Punkt ist zweifellos der schwierigste. Den anderen zu bewegen, seine Erregung ebenfalls unter Kontrolle zu bekommen und sich auf ein Gespräch einzulassen, scheitert häufig, weil wir in angespannten Situationen auf vertraute Verhaltensmuster zurückfallen. Vertraut sind uns reziproke Reaktionen gleicher oder komplementärer Art: Drohung und Gegendrohung (gleich), Schreien und Verstummen (komplementär). Die Droh- und Strafmuster eskalieren zum Teufelskreis sich gegenseitig steigernder Provokation.

Wenn eine Seite unerwartet agiert, verblüfft und verunsichert das die Gegenseite. Das ungewohnte Verhalten destabilisiert die Erwartung einer festen Reaktionsfolge. Indem die Gegenseite für einen Moment innehält, zeigt sie sich desorientiert und aktionsunfähig – die zentralen Merkmale des inneren Konflikts. Damit ist es einer Seite gelungen, die entscheidende Voraussetzung für eine kooperative Konfliktbewältigung zu schaffen: den zwischenmenschlichen Konflikt ins Innere der Beteiligten zu verlagern. Das Angebot zum Gespräch wird in vielen Fällen als Hilfe empfunden, die eigene Handlungsfähigkeit wiederzugewinnen, also den inneren Konflikt in den Griff zu bekommen. Natürlich garantiert das Gespräch noch keine Einigung, aber es ist immerhin besser als ein mechanischer Reflex.

Humor – eine unterentwickelte Konfliktfähigkeit

Was wären solche ungewohnten Verhaltensweisen? Einige anschauliche Beispiele von Anatol Pikas (1974, S. 53):

- »Du Scheißkerl, auch in dir steckt etwas Gescheites, lass uns das mal rausholen.«
- »Ihre Wut ist imponierend, wollen Sie mal meine kennenlernen?«
- »Ist das nötig? Kannst du nicht ›Scheiße‹ sagen wie jeder von uns?« (Papst Johannes XXIII zu einem Gefängnisinsassen, der zu fluchen beginnt, als er den Papst sieht).

Unerwartete Verhaltensweisen erzeugen bei der Gegenseite kognitive Dissonanz, eine entscheidende Voraussetzung, den Trip zur Eskalation zu stoppen und eine konstruktive Wende einzuleiten. Äußerungen, die ein Verhalten des anderen kritisieren und ihn gleichzeitig als Person respektieren, enthalten eine doppelte Botschaft. Sie bringen den Empfänger in Zwiespalt, was er höher gewichten soll: die Ablehnung seiner Äußerung oder die Annahme seiner Person? Die Dissonanz verunsichert und zwingt zum Innehalten, wenigstens für den Moment: Das Denken setzt wieder ein. Was immer er nun tut, er handelt willentlich, mit Absicht. Die Person hat wieder den Konflikt im Griff, nicht der Konflikt sie.

Humor ist genau diese Fähigkeit, eine angespannte Situation durch eine erwartungsdiskrepante (paradoxe) Äußerung blitzartig zu entspannen. Humor wirkt sofort, er umgeht unser systematisches Denken und spricht uns unmittelbar an. Humor besitzt die geistige Kraft, uns aus der nach unten ziehenden ernsten und schweren Konfliktbelastung mit einem Schlag herauszureißen – und zu befreien. Wie schafft es Humor, die durch Misstrauen und Anschuldigungen eskalierende Brisanz herunter zu fahren? Dazu einige Gedanken des Mediators John Forester (2009, 155 ff.).

- Humor ist kreativ und realistisch zugleich. Er erweitert den Kontext, sodass die Streitenden ihren Konflikt anders sehen und rasch erkennen, was wirklich wichtig ist.
- Humor erhellt blitzartig, wie absurd es ist, dass wir so miteinander umgehen.
- Humor verschafft eine Pause: Lachen entspannt und schweißt zusammen.

- Humor verbindet: Wir stehen in derselben ungewissen Situation, uns einigen zu müssen, aber nicht zu wissen wie. Jede Seite hat die Situation nur begrenzt unter Kontrolle, jede ist auf die andere angewiesen.
- Humor macht uns demütig: Wir erkennen unsere Fehlbarkeit und ahnen, wie sehr wir für die Gegenseite selber das Risiko sind.
- Humor relativiert - nicht unsere Person, wohl aber die Rolle, die wir gerade besonders eindrucksvoll spielen (wollen) mitsamt allen überzogenen Erwartungen. Mit Humor fällt es uns leichter, den Ball flach zu spielen.
- Humor zollt Respekt: Wir anerkennen, dass der andere (auch) gute Absichten hat.
- Humor offenbart uns: Der Stil, den wir im Konflikt an den Tag legen, enthüllt unseren Charakter und unsere Werte. Humor verrät, wer wir wirklich sind.
- Humor bewegt: Er ähnelt einem Tanz, der leichtfüßig und nicht schwergängig, flexibel und nicht starr, am anderen orientiert und nicht auf sich fixiert ist.
- Humor lädt ein: Wer mit Humor sich selbst auf die Schippe nimmt, signalisiert, den anderen ins Boot holen und mit ihm zusammen einen Modus vivendi suchen zu wollen.
- Humor destruiert Macht und konstruiert Ermächtigung, Humor lehrt augenzwinkernd, wie lächerlich Imponier- und Drohgebaren, wie kleingeistig autoritäres Gehabe sind. Humor ermächtigt, Diktatoren meinen es blutig ernst.

Humor ist nicht Spott (den anderen auslachen), Ironie (sich über den anderen erheben), Zynismus (den anderen verachten) oder Sarkasmus (alle verachten). Humor mischt Ernst und Heiterkeit, – Ernst, weil wir wissen, dass unsere Taten unwiderruflich sind, Heiterkeit, weil wir hoffen, dass sich das Gute durch das Böse einfach nicht unterkriegen lässt. Humor ist Leuchtzeichen der Hoffnung, er wächst aus einer Lebenshaltung, die um die menschliche Unzulänglichkeit weiß, zu innerer Größe (magnanimitas), die den Menschen ernst, nicht aber jede seiner Äußerungen tragisch nimmt. »Liebe den Sünder, aber hasse die Sünde.« (Hl. Augustinus)

Übung 16: Kreativität im Konflikt

Nehmen Sie sich einen Konflikt aus Ihrer Arbeitsumwelt oder Familie vor, der sich jüngst durch heftige Äußerungen aller Beteiligten hochgeschaukelt hat.

- Machen Sie ein Brainstorming schöpferischer Einfälle! Lassen Sie sich (allein oder mit anderen) einfallen, was alles an Reaktionen der Beteiligten möglich gewesen wäre. NB: Bewerten Sie die Einfälle nicht sofort danach, ob sie zu einer kooperativen Konfliktbewältigung beitragen könnten, sondern erweitern Sie einfach das Spektrum möglicher Verhaltensweisen in Konfliktsituationen.
- Fassen Sie die möglichen Reaktionen in Gruppen zusammen! Zu welcher Gruppierung kommen die meisten Einfälle, zu welcher gar keine? Wie steht es mit einladenden Gesten? Ruhigen Bitten? Offenen Fragen? Nachdrücklich versichertem Wohlwollen? Schweigen? ...

Einige praktische Hinweise, Angst und Ärger so in den Griff zu bekommen, dass eine Aussprache möglich wird:

Wider die Mutlosigkeit Fugiendo in media saepe ruitur fata. Flucht jagt uns oft mitten ins Verderben.	**Wut in Mut verwandeln** Ira furor brevis est. Zorn ist ein kurzer Anfall von Wahnsinn.
1. Anzeichen von Angst bei sich rechtzeitig wahrnehmen. 2. Mir klarmachen, dass alle Herausforderungen von Angst begleitet sind: • Herzklopfen • Muskuläre Anspannungen • Erhöhte Wachsamkeit 3. Mir bewusst machen, wie ich Angst ausdrücke: • Wie blicke ich, wenn ich Angst habe? • Wie klingt meine Stimme? • Vermeide ich Blickkontakt? • Etwas trinken und langsam sprechen.	1. Sich selbst kennen: • Was macht mich ärgerlich? • Wie spüre ich den Ärger? • Wie deutlich zeige ich meinen Ärger? 2. Herausfinden, was mich leicht ärgert: • Was kann ich vermeiden? • Was kann ich verhindern? 3. Entscheiden, ob ich den Ärger unterdrücke oder zeige. 4. Methoden, den Ärger unter Kontrolle zu halten: • Unterbrechen, Pause einlegen. • Von 10 auf 1 herabzählen. • Etwas zum Trinken holen.

Abb. 52: Umgang mit eigenen Emotionen

4. Feststellen, was bei mir Angst auslöst: • Muss ich handeln? • Fürchte ich bestimmte Personen? 5. Methoden, Angst zu reduzieren: • An Situationen denken, in denen ich zuversichtlich und kompetent gehandelt habe. • Den Anlass der Angst in eine Situation platzieren, die ich kontrollieren kann oder in der sie schwach oder lächerlich wirkt. • Sich sorgfältig vorbereiten. 6. Zuversichtlich handeln, auch wenn ich mich nicht so fühle. 7. Vermeiden, zu schnell nachzugeben. 8. Das Stressniveau senken durch: • Entspannungstechniken und/oder • Sport 9. Mit anderen über eigene Ängste reden.	• Muskeln (ungesehen) an- und entspannen. • Aufschreiben, was ich ansprechen möchte. • Einige Male tief durchatmen. • An etwas Schönes denken. • Auf Ärgerauslöser vorbereitet sein. 5. Methoden, Ärger und Enttäuschung wirksam auszudrücken: • Verhalten benennen, das mich ärgert. • Mein Gefühl beschreiben. • Den anderen bitten, sich in meine Lage zu versetzen. • Nicht anklagen, nicht beschuldigen. • Dem anderen Respekt zeigen. 6. Verzerrungen (bias) vermeiden, bes.: • dem anderen nur Schlechtes unterstellen, • sich selbst als unschuldig, den anderen als allein schuldig hinstellen.

Abb. 52 (Fortsetzung)

Übung 17: Meine Emotionen im Konflikt

Erinnern Sie sich an drei Konflikte aus der letzten Zeit.

- Was war im Rückblick Ihre erste gefühlsmäßige Reaktion? Woran machen Sie das fest? Einige Anhaltspunkte: Haben Sie sich eher stark oder schwach, eher aktiv oder passiv, eher ablehnend oder zustimmend verhalten?
- Welche Emotion (Angst oder Ärger) beherrscht sie generell in Konflikten (Grundhaltung)? Welche Erfahrungen aus Ihrer Biografie sprechen dafür?
- Wie erleben andere (Partner, Kollegen) Sie im Konflikt? Stimmt deren Bild mit Ihrer Selbsteinschätzung überein?

Die Situation einschätzen

Die eigenen Gefühle unter Kontrolle haben, ist Voraussetzung, um abschätzen zu können, ob

- der Ort für die Aussprache geeignet ist: Wenn Zuschauer oder Zuhörer anwesend sind oder zu erwarten sind (Kantine, auf dem Flur), sollte eine Seite darum bitten, sich anderswo auszusprechen. Bei schon seit länger bestehenden Konflikten ist es angebracht, die andere Seite informell (z. B. telefonisch) um ein Gespräch zu bitten. Darin können die eigenen Beweggründe kurz dargelegt und das Interesse an einer gemeinsamen Klärung mitgeteilt werden. Zu vermeiden sind alle Arten von Überrumpelung oder schriftliche Aufforderung zu einem Gespräch.
- der Zeitpunkt für die Aussprache passend ist: Falls eine Seite noch sehr erregt ist, gilt die alte Militärregel: erst einmal eine Nacht darüber schlafen. Dann müssen aber beide Seiten sich Zeit nehmen und sie gleichzeitig begrenzen. Lässt sich nicht umgehend ein Termin finden, besteht der Verdacht, dass eine Seite der Aussprache ausweichen will oder diesem Konflikt eine niedrige Priorität beimisst. Beide Vermutungen können als Hypothese zur Sprache gebracht werden.
- eine dritte Partei hinzugezogen werden soll: Falls dies eine Seite erwägt, braucht es das Einverständnis der Gegenseite. Deplatziert wäre es, ohne vorherige Ankündigung diese dritte Partei gleich mitzunehmen. Entscheidend ist, wer die dritte Partei ist:
  - Vorgesetzter: Mit ihm wird der Konflikt offiziell, gleichsam amtlich. Vorteil: Der Konflikt bleibt auf den Betrieb und die hier geltenden Spielregeln beschränkt. Nachteil: Der Vorgesetzte könnte versucht sein, mit einem Machtwort den Konflikt zu unterdrücken, ohne dass der Konflikt wirklich bewältigt ist.
  - Kollege: Die Gegenseite könnte sich einer Allianz gegenübersehen – und den Konflikt eskalieren.
  - Mediator (Personalabteilung): Er bietet noch am ehesten die Gewähr, wirklich zu vermitteln und zur kooperativen Bewältigung anzuleiten.

Eine dritte Partei heranzuziehen, empfiehlt sich überall da, wo eine Seite

- sich hoffnungslos unterlegen fühlt,
- nicht weiß, wie sie den Konflikt anpacken soll,
- von sehr starken Gefühlen (Angst oder Wut) beherrscht wird.

Auf die Emotionen der Gegenseite konstruktiv eingehen

»Das geknickte Rohr aufrichten«	Den Gegner »entwaffnen«
1. Die Furcht der Gegenseite wahrnehmen. 2. Einfühlsam mitteilen, dass man die Angst des anderen wahrgenommen hat. 3. Flexibel reagieren: Furcht kann eine Einigung • erschweren: ausweichen, eng machen • erleichtern: Einigung wollen, nachgeben 4. Über eigene Befürchtungen (in ähnlichen Situationen) sprechen. 5. Verletzlichkeiten einräumen, um Vertrauen aufzubauen. 6. Der furchtsamen Gegenseite helfen, ihr Gesicht zu wahren.	1. Hitzige Debatten entschärfen: • »Was hat Sie so erregt?« • »Ich sehe, wie aufgebracht Sie sind.« 2. Die Funktion des Ärgers einschätzen: • Ist der Ärger kalkuliert? • Kann er sich wieder beruhigen? 3. Verletzende Äußerungen ansprechen: • »Ich bin sicher, Sie überlegen noch mal, was Sie gesagt haben.« • »Ich hoffe, Sie erkennen, dass das eben unangemessen war.« • »Ich gehe in der Zwischenzeit etwas trinken.« 4. Ärger strategisch »kontern«: • Schweigen: gar nichts sagen • Beschwichtigen: entgegenkommen 5. Der verärgerten Gegenseite helfen, das Gesicht zu wahren. 6. Einen Moderator hinzubitten (wenn das aggressive Potenzial zu groß erscheint).

Abb. 53: Umgang mit fremden Emotionen

Verhaltensweisen und Bemerkungen, die die Eskalation eines Konflikts unterbinden, zählen zu den hervorragenden schöpferischen Leistungen. Es gehört Phantasie und Selbstbewusstsein dazu, in vertrackten und gereizten Situationen ein versöhnliches Wort, eine spielerische Geste, eine entwaffnende Bemerkung zu finden. Hier öffnen kreative Einfälle ein weites Feld.

Phase B: Vertrauen stiften

Nach der Innenwendung, in der die Partei sich auf sich und ihre Erregung konzentriert hat, nimmt sie die Gegenseite in den Blick. Um diese zu einer kooperativen Konfliktbewältigung zu bewegen, ist Vertrauen unerlässlich. Eine Vertrauenssituation ist durch vier Merkmale gekennzeichnet (Morton Deutsch, 1976):

1. Wer vertraut, riskiert. Vertrauen kann gute oder böse Folgen haben.
2. Wer vertraut, liefert sich aus. Ich hänge ganz vom anderen ab.
3. Enttäuschtes Vertrauen ist gravierender als erfülltes Vertrauen.
4. Wer dennoch vertraut, handelt aus Hoffnung.

> **Beispiel:** Ein Vorgesetzter übergibt einem Mitarbeiter einen wichtigen Auftrag, von dessen richtiger und pünktlicher Erledigung sehr viel für die Firma abhängt. Dies ist eine Vertrauensentscheidung, denn der Vorgesetzte
> - geht ein Risiko ein: Der Mitarbeiter könnte ihn enttäuschen.
> - liefert sich aus: Er ist auf die Leistung des Mitarbeiters angewiesen.
> - nimmt mögliche negative Konsequenzen in Kauf: Wenn ihn der Mitarbeiter im Stich lässt, wird er selbst zur Rechenschaft gezogen.
> - ist zuversichtlich: Er hofft auf die Loyalität des Mitarbeiters.

Vertrauen beinhaltet ein bewusst kalkuliertes Risiko. Misstrauen dagegen ist ein gleichsam unbewusster Reflex auf eine bedrohliche Situation, eine Art Selbstschutz: Die Person »macht dicht«, will sich keine »Blöße« geben, »verbarrikadiert« sich hinter einer undurchdringlichen »Fassade«. Die dem Kriegshandwerk entstammenden Formulierungen machen deutlich, was Misstrauen bezweckt: Es will für einen Abwehrkampf rüsten.

Um Vertrauen – zumal in einer gespannten Konfliktsituation – überhaupt zu ermöglichen, ist daher das schiere Gegenteil gefordert. Die Person muss wagen, sich verletzbar zu zeigen, auf den Einsatz von Waffen zu verzichten, Unsicherheit und Angst dem Gegner gegenüber in sich nicht übermächtig werden zu lassen. Vertrauen setzt Selbstbewusstsein voraus. Nur wer Fehler und Schwächen eingestehen, Ängste und Zweifel zugestehen kann, bringt den Mut auf, der anderen Partei mit offenem Visier gegenüberzutreten. Nur wer schon erfahren hat, dass sich Vertrauen »lohnt«, kann offen und aufrichtig agieren.

Zwei Handlungsweisen befördern im Konflikt das Vertrauen:

- Selbstoffenbarung: Die Person riskiert sich persönlich. Sie sagt offen, wie ernst der Konflikt für sie ist, was sie befürchtet, was sie eigentlich möchte.
- Schonung: Die Person unterlässt es, die Gegenseite zu provozieren, herabzusetzen, zu verletzen, auch wenn sie es mühelos könnte. Sie nutzt Blößen der Gegenseite nicht aus.

Selbstoffenbarung

Ein Kollege zum anderen: »Ich bin sauer, wenn Sie zu spät kommen. Das belastet unser Verhältnis. Das möchte ich nicht.« Mit dieser Äußerung

- macht er sich verletzbar: Er spricht von einem Gefühl, das der andere zurückweisen oder lächerlich machen kann. »Wenn Sie sich ärgern, ist das Ihre Sache.« »Legen Sie sich ein dickeres Fell zu.« »Sehen Sie zu, dass Sie keine Magengeschwüre kriegen.«
- moniert er ein bestimmtes Verhalten, das ihn stört, lässt aber die Person unangetastet, ja betont noch, dass er die Beziehung zu ihr schätzt und aufrechterhalten will.
- kündigt er offen die möglichen Folgen an, die eintreten könnten, wenn es zu keiner gemeinsamen Lösung kommt. Dies kann als Drohung missverstanden werden, ist aber als Aufforderung zu verstehen, sich angesichts verschiedener Möglichkeiten bewusst für eine zu entscheiden.
- geht er ein Risiko ein: Er erklärt offen, dass ihm an der Beziehung etwas liegt. Der andere könnte schnippisch erklären, dass sie für ihn unerheblich ist.

Schonung

Ein Mitarbeiter zum Vorgesetzten, der ihn angeschrieen hat: »Ihr Schimpfen geht mir an die Nieren.« Mit dieser Äußerung

- gibt er offen zu, verletzt zu sein.
- moniert er ein bestimmtes Verhalten, das ihn stört, ohne gleichzeitig die Person anzugreifen: »Sie sind unbeherrscht.«
- regt er die Gegenseite an, über die Folgen nachzudenken. Sie soll sich bewusst machen, dass positive Ziele positive Mittel erfordern.

- geht er ein Risiko ein: Der Vorgesetzte könnte ihn als Weichei betrachten.

In beiden Fällen hat eine Konfliktpartei ihr Möglichstes getan, um eine Vertrauensgrundlage zu schaffen, auf der sich eine kooperative Konfliktbewältigung aufbauen kann.

Spiel 1 (siehe Anhang) kann verdeutlichen, welche vielfältigen Prozesse des Wahrnehmens und Denkens, Fühlens und Verhaltens eine einfache Vertrauensentscheidung hervorruft.

Phase C: Offen kommunizieren

Das stets leicht verletzliche Vertrauen gilt es zu festigen, bevor der Streitpunkt zur Sprache kommt. Kooperative Konfliktbewältigung setzt auf offene Kommunikation. Doch worüber? Folgende Punkte sind möglich und hilfreich:

- Wahrnehmung: Wie nehme ich den Konflikt wahr?
- Gefühl: Wie erlebe ich die Konfliktsituation?
- Einstellung: Will ich mit der Gegenseite konkurrieren oder kooperieren?
- Kommunikation: Fördere ich defensives oder kooperatives Kommunizieren?

Wahrnehmung

Sie spielt bei der Entstehung von Konflikten eine gewichtige Rolle (siehe Kap. 1.4.2). Deshalb ist es wichtig herauszufinden, wie jede Seite den Konflikt wahrnimmt und welche Ereignisse sie als Konflikt relevant betrachtet. Beobachtbares Verhalten und nachprüfbare Vorkommnisse erleichtern, vage Andeutungen und diffuse Vermutungen verhindern eine Klärung.

Beispiel: Negativ: »Sie trauen mir doch gar nicht!« Damit kann der Gesprächspartner nichts anfangen, er bleibt im Unklaren, wodurch er dieses Misstrauen ausgelöst hat.

Positiv: »Sie haben mir gestern den Auftrag entzogen. Ich habe das Gefühl, Sie trauen ihn mir nicht zu.« Der Gesprächspartner kann nun seine Beweggründe darlegen.

Erst wenn beiden Seiten klar ist, welche konkreten Ereignisse sie für den Konflikt verantwortlich machen, können sie darangehen, ihre jeweilige Sicht darzulegen und ihren Standpunkt zu begründen.

Gefühle

Während Wahrnehmungen in der Außenwelt fundiert sind, von dort auch korrigiert werden können, sind Gefühle innere, ganz persönliche Reaktionsweisen. Entscheidend ist nicht, welche Gefühle eine Person hat, sondern dass sie sich ihrer Gefühle bewusst ist und sie angemessen zum Ausdruck bringen kann.

> **Beispiel:** Negativ »Noch nie ist mir ein Auftrag entzogen worden!« Der Sprecher kennt entweder sein Gefühl nicht oder will es nicht sagen. Ganz verschiedene Gefühle können ihn umtreiben: Ärger, Empörung, Demütigung, Angst, Unsicherheit, Resignation usw. Auch wenn er sein Gefühl genau erfasst, kann er immer noch entscheiden, ob er es direkt oder indirekt ausdrückt.
>
> - Direkt drückt er sein Gefühl aus, wenn er beschreibt, was ihn bewegt und welches innere oder äußere Ereignis dies ausgelöst hat. Gerade in Konflikten ist es wichtig, den Anlass zu nennen, der dieses Gefühl hervorgerufen hat.
> - Indirekt kommen Gefühle zum Ausdruck als Vorwurf oder Beschuldigung: »Sie nehmen auf mich überhaupt keine Rücksicht!« »Nicht mal ruhig Brotzeit kann man machen!« »Mit Ihnen kann man kein vernünftiges Wort reden!«
>   Aktion: Informationen zurückhalten, Unterlagen verschlampen, sich beschweren usw.

Von Nutzen ist es auch, die bei der Gegenseite vorherrschende Gefühlsrichtung anderen gegenüber zu kennen. Die dominierende Gefühlsrichtung bestimmt nämlich, wie eine Person auf konfliktauslösende Ereignisse gefühlsmäßig reagiert.

Die persönlichkeitsbedingte Gefühlsrichtung gegenüber Menschen – hin, weg, gegen (siehe Kap. 1.4.2) – formt auch die expressive Seite des Konfliktaustrags (siehe Abb. 54).

Wenn vorherrscht	Hinwendung	Abwendung	Gegenwendung
fällt es leichter,	über eigene Befindlichkeiten offen zu sprechen: Angst, Sorge, Schmerz, Überforderung, Zurückweisung	eigene Gefühle zu verdrängen und die Gefühle anderer zu ignorieren: betont sachlich, kühl, distanziert, ironisch bis unsensibel, taktlos	aggressive Gefühle gegen andere auszuleben, sie zu verletzen, zu verachten, zu beherrschen, rücksichtslos bis zynisch zu behandeln
fällt es schwerer,	eigene Gefühle zu unterdrücken und aggressive, kämpferische Gefühle offen zu zeigen	überhaupt Gefühle zuzulassen und intensive Gefühle anderer zu ertragen, wie Angst, Sorge, Wunsch nach Nähe	Gefühle von Wärme und Zuneigung oder von eigener Angst, Unsicherheit und Schuld zu äußern

Abb. 54: Persönlichkeitsabhängige Kommunikation

Menschen mit der Ausrichtung »Hinwendung« fürchten Aggressionen, weil sie in ihnen eine drohende Zerstörung der eigenen Person oder ihrer Beziehung sehen. Wenn sie um diese Zusammenhänge wissen, können sie prüfen, ob die aggressiven Äußerungen der Gegenseite tatsächlich ihre Person treffen wollen oder ob sie nicht vielleicht spontane Reaktionsmuster ihres Gegenübers in allen Konflikten sind.

Jede Gefühlsrichtung bringt ihre Stärken und Schwächen in die Konfliktbewältigung ein. Bei der kooperativen Konfliktbewältigung gibt es keine eindeutig förderlichen oder hinderlichen Gefühlsrichtungen. Aggression erleichtert die Durchsetzung, erschwert aber die Versöhnung; Zuwendung erleichtert das Nachgeben, hinterlässt aber Ohnmacht. Gefühle gehören zur Person, nicht zum Konflikt. Nicht die Gefühle, sondern die Personen bestimmen den Konfliktaustrag. Kooperative Konfliktbewältigung fordert deshalb Selbstkenntnis und Selbstbewusstheit.

Einstellung

Für die Konfliktbewältigung ist es ausschlaggebend, ob Konfliktparteien eine kooperative oder konkurrierende Einstellung besitzen.

Morton Deutsch (1976) konnte zeigen, dass im Kontext von Konkurrenz kooperatives Verhalten praktisch ausgeschlossen ist. Zudem geraten kooperativ gewillte Personen durch die kompromisslose Konkurrenz der Gegenseite so unter Druck, dass sie ihrerseits zum Konkurrieren übergehen, einfach um nicht »untergebuttert« zu werden. Konkurrenz gebiert sich selbst, sie wird zur »selbst erfüllenden Vorhersage«.

Kooperative Konfliktbewältigung braucht den festen Willen mindestens einer Seite, sich nicht von der Gegenseite provozieren und zum Konkurrieren hinreißen zu lassen. Eine realistische kooperative Haltung rechnet mit Enttäuschungen durch die andere Seite, nimmt sie aber nicht zum Anlass, Gleiches mit Gleichem zu vergelten. Wie aber kann man die Gegenseite dazu bringen, kooperativ zu agieren? Noch dazu in einer Kultur, die hartes Konkurrenzdenken belohnt? Einige Anregungen:

- Die Vorteile einer kooperativen und die Nachteile einer konkurrierenden Konfliktbewältigung aufzeigen:
  - Vorteile: Eine Regelung, die beiden nutzt, und eine belastbare Beziehung.
  - Nachteile: Ein Sieg ohne Nachhaltigkeit und eine ressentimentgeladene Beziehung, die im Untergrund die Lösung unterläuft und schwächt.
- Die Goldene Regel als Maßstab in Erinnerung rufen. Will die Gegenseite auch so behandelt werden?
- Den Streitpunkt entpersönlichen durch Hinweis auf
  - die Folgen, die sich objektiv feststellen lassen,
  - die Rollenzwänge, in denen jede Seite steckt.
- Die Unentbehrlichkeit des Konfliktpartners für eine dauerhafte Konfliktregelung hervorheben.

Alle Bemühungen zielen darauf, in der Gegenseite eine kognitive Dissonanz zwischen ihrem Anspruch (Verantwortung) und Vorteil (Gewinn) einerseits und ihrem Konkurrenzgebaren (Durchsetzen) andererseits zu erzeugen. Die Einwilligung zur Kooperation ist selbst Ergebnis eines seelischen Konflikts. Nur über den inneren Konflikt ändern sich Einstellungen.

Übung 18: Wie eröffne ich ein Konfliktgespräch?

Finden Sie (in der Gruppe) Formulierungen, mit denen Sie in den folgenden Situationen eine kooperative Konfliktbewältigung einleiten.

1. Ein Kollege lässt ständig die Tür offen. Sie haben ihm schon häufig gesagt, dass Ihnen das unangenehm ist, weil es »zieht«. Gerade eben lässt er die Tür wieder offen stehen.
2. Ihr Vorgesetzter hatte Ihnen versprochen, sich für Sie wegen einer Beförderung einzusetzen. Heute haben Sie zuverlässig erfahren, dass er überhaupt nichts unternommen hat. Den Posten hat ein anderer bekommen.
3. Sie haben einem Mitarbeiter einen Auftrag gegeben mit der dringenden Bitte, ihn pünktlich bis zum Wochenende zu erledigen. Obwohl die Sache außerordentlich wichtig ist, sehen Sie am Freitagnachmittag, dass der Mitarbeiter nicht rechtzeitig fertig wird.
4. Sie beobachten schon seit Längerem, dass eine Kollegin sich offenbar mit dem Chef sehr gut versteht. Sie sehen sie häufig beisammen und sich leise unterhalten. Als Sie heute dazukommen, hören beide auf zu reden. Die Kollegin geht mit Ihnen in Ihr gemeinsames Büro zurück.
5. Ihre Abteilung bezieht neue Räume. Sie fühlen sich bei der Zuteilung Ihres Raumes und Arbeitsplatzes gegenüber den anderen Kollegen benachteiligt.

Streitpunkte sind ohne Kenntnis der Beziehung nicht recht zu verstehen. Sach-, Beziehungs- und Wertkonflikte entstehen nicht beziehungslos, sie treten unter ganz bestimmten Personen auf. »Sache« und »Beziehung« stehen dabei im Verhältnis von »Figur« und »Grund«:

- »Auf dem Tisch« wird die Sache verhandelt,
- »unter dem Tisch« läuft ein Beziehungsclinch ab, in dem Rivalität und Neid, Minderwertigkeit und Überlegenheit nachdrücklicher herrschen als Argumente.

Heftige Reaktionen auf dem Tisch sind ohne Kenntnis des Untergrunds nicht zu verstehen.

Nach einer ungeschriebenen Regel unserer Arbeitswelt gilt es als unprofessionell, starke Emotionen zu zeigen. Die Norm rationalen Handelns soll nicht nur die Arbeit, sondern auch die Zusammenarbeit leiten. Weil es verpönt ist, im Konflikt Emotionen offen und direkt zur Sprache zu bringen, kommen sie nur indirekt und verschlüsselt zum Ausdruck. Die Folge: Das defensive Kommunikationsmuster beherrscht den Alltag in Organisationen, z. B. in Meetings, es verschärft Konflikte. Das offene Kommunikationsmuster muss von der Leitung gewollt und eingeübt werden, es spiegelt kooperative Konfliktbewältigung wider und bewirkt sie.

Kommunikationsmuster

Verschlossen Defensiv		Offen Explorierend
wertend Werten, vergleichen, kritisieren	———	**beschreibend** Wiedergeben, was beobachtet wurde
kontrollierend Andere ändern wollen, ggf. mit Zwang	———	**problemorientiert** Gemeinsame Lösung suchen
strategisch Ziele verbergen, taktieren, manipulieren	———	**ehrlich** Ziele offenlegen, nicht täuschen
sachlich Distanziert, uninteressiert, ausnutzen	———	**menschlich** Einfühlend, respektvoll, hilfreich
überlegen Dominant, sich durchsetzen	———	**gleichwertig** Auf gleicher Ebene, aushandeln
sicher Weiß die Antwort, bewahrend	———	**vorläufig** Erkunden, erproben, abwägend urteilen

Abb. 55: Kompetitives (eskalierendes) und Kooperatives (deeskalierendes) Kommunikationsmuster (nach Morton Deutsch, 1976)

Der folgende Dialog belegt beispielhaft die Notwendigkeit, auch bei Konflikten in der Arbeit zuerst die Beziehung zu klären, bevor über die Sache verhandelt wird.

Übung 19: Verschlossene und offene Kommunikation

Ein junger Mitarbeiter (M) hat dem Chef (V) einen Organisationsplan überreicht. Seitdem hat er nichts gehört. Eines Tages spricht er seinen Chef an.

M: Vor vier Wochen habe ich Ihnen eine Neuorganisation vorgeschlagen. Haben Sie sich den Plan überhaupt schon einmal angesehen?
V: Natürlich, ich nehme alles zur Kenntnis, was Sie so von sich geben. Sie haben ja einen sagenhaften Durchblick: Erst ein halbes Jahr hier, und schon wissen Sie, wie alles anders zu machen wäre. Hier haben wohl die ganze Zeit nur Dummköpfe gearbeitet?
M: Man könnte es meinen, wenn man sieht, wie umständlich gearbeitet wird, und wie leicht das anders zu machen wäre. Ehrlich gesagt: Wenn jemand sich nur ein bisschen Mühe macht nachzudenken, kommt er ganz von alleine darauf.
V: Sie meinen wohl, das Ei des Kolumbus gefunden zu haben?
M: Nein, nicht gefunden, sondern nur nachgestellt.
V: Wollen Sie im Ernst behaupten, die Vorschläge stammen von Ihnen? Die haben Sie doch irgendwo abgeschrieben!
M: Wie kommen Sie darauf? Erstens habe ich das nicht nötig, zweitens ändert das überhaupt nichts an der Tatsache, dass eine Umorganisation erforderlich ist. Dass Sie auf meine Vorschläge bisher nicht und nun so unsachlich reagieren, beweist, wie recht ich habe.

---

1. Identifizieren Sie die Merkmale offener und verschlossener Kommunikation.
2. Probieren Sie in einem Rollenspiel aus, das gleiche Thema offen zu kommunizieren.

Phase D: Problem lösen

Vertrauen und offene Kommunikation legen im Prozess der kooperativen Konfliktbewältigung die Basis, auf der eine vernünftige, d. h. begründete und überzeugende Problemlösung entwickelt werden kann. Schwierigkeiten treten an drei Stellen auf: bei der

- Definition des Problems
- Suche nach einer Lösung
- Entscheidung bzw. Übereinkunft

Problemdefinition

Es entspricht der Logik, ein Problem zuerst zu definieren, bevor man es löst. Im Konflikt regiert aber die Psycho-Logik: Das Problem ist unauflöslich mit persönlichen Anteilen vermengt. Für die Problemdefinition folgt daraus zweierlei:

- Die Definition enthält schon die Lösung:

Beispiel:	Wenn das Problem heißt:	Dann heißt die Lösung:
	• Abteilungsleiter Mayer ist gegen Neuerungen.	• Abteilungsleiter Mayer muss sich ändern.
	• Abteilung Mayer ist gegen Neuerungen.	• Abteilung Mayer muss umorganisiert werden.

- Die Definition verschiebt sich von der Situation auf die Person. Je länger wir uns mit einem Problem befassen, desto stärker neigen wir dazu, die persönliche Seite als das »eigentliche« Problem anzusehen. Wenn eine Gruppe ihre Arbeitsprobleme analysiert, ist Verengung der Problemdefinition nicht untypisch:

  1. Definition: Unsere Besprechungen sind ineffizient.
  2. Definition: Bestimmte Themen sind tabu.
  3. Definition: Der Chef kehrt alles unter den Teppich.

  Die Gruppe verschiebt das Problem »ineffiziente Meetings« vom sachlichen auf den persönlichen Pol. Die Lösung ist im Chef lokalisiert, er muss sich ändern oder es ändert sich nichts. Die Personalisierung der Problemdefinition führt stets zu radikalen Lösungen – oft ethisch fragwürdig und sachlich unzureichend. Diesem Trend kann nur die Einsicht widerstehen, dass Probleme sowohl sachliche als auch persönliche Anteile haben. Die Problemdefinition muss die Komplexität abbilden, sonst greift jede Lösung zu kurz. Die Spannung einer Konfliktsituation drängt zur Reduzierung der Vielschichtigkeit. Wie kann eine Partei sich diesem Trend widersetzen?

  - Das Problem jedes Konflikts besteht darin, dass er die Parteien aneinander bindet und lähmt. Die Beeinträchtigung oder Handlungsunfähigkeit muss präzise beschrieben werden: Wie äußert sie sich gedanklich, emotional, willentlich? Wie wirkt sie sich im Handeln aus? Eine verhaltensnahe Beschreibung erleichtert das Verstehen.

- Unterschiedliche Werte oder Präferenzen sind nicht das Problem. Der Kern des Konflikts ist vielmehr, dass die Parteien im konkreten Fall die Werte (be)nutzen oder instrumentalisieren, um sich gegenseitig zu hindern oder zu stören.
- Das Problem liegt auch nicht darin, dass eine Seite abblockt oder mauert. Das Problem ist vielmehr, das verständliche Eigeninteresse dieser Partei zu erkennen, anzuerkennen und in eine befriedigende Lösung einzubinden.

Lösung

Lösungen ergeben sich selten von alleine. Sie müssen, häufig mühsam, erst gefunden werden. Die dafür angemessene Haltung ist flexible Beharrlichkeit (»suaviter in modo, fortiter in re«):

- beharrlich im Anspruch, eine gemeinsame, beiderseitig befriedigende Lösung zu finden,
- flexibel in der Suche, verschiedene Wege zu erproben, unterschiedliche Mittel zu prüfen und sich nicht auf nur einen Weg oder eine Methode zu versteifen.

Die Suchbewegungen führen eher zu einer brauchbaren Lösung, wenn

- eine Seite vorschlägt, sich bewusst Zeit zum Nachdenken zu nehmen.
- die ersten Einfälle nicht gleich als die besten angenommen werden. Kluge Lösungen erfordern Nachdenken und Abwägen. Diese »Durststrecke« ist geduldig auszuhalten.
- man die Meinungen und Vorstellungen anderer Personen einholt, d. h. um Rat sucht.
- klar ist, dass die wechselseitige Behinderung überwunden, nicht die andere Seite bekehrt oder verändert werden soll.

Entscheidung

Die Entscheidung für eine Alternative fällt leichter, wenn sie

- die Interessen jeder Partei wenigstens teilweise zufrieden stellt oder
- die Befürchtungen einer Seite ausräumt.

Der Entscheidungsprozess in Konflikten verläuft nicht nach den Prämissen des rationalen Kosten-Nutzen-Kalküls, sondern nach der Logik politischen oder geschäftlichen Verhandelns. Einigungen kommen danach eher durch integrative Lösungen zustande. Diese sind auf dreierlei Weise zu erreichen (Dean G. Pruitt & Peter J. Carnevale, 1993, S. 36 ff.):

- Neue Optionen entwickeln und Ressourcen erweitern:
  - Ressourcen erweitern: Ein zweites Firmenauto wird angeschafft, dafür das Kantinenessen weniger aufwendig gestaltet.
  - Zwänge lockern oder Kompetenzen neu regeln: Das vierteljährliche Reporting wird durch den Halbjahresbericht – das Kennzahlensystem durch persönliche Einschätzung ersetzt.
  - Gegensätzliche Wünsche nacheinander verwirklichen: Ungestörtes Arbeiten und Bedürfnis nach Kontakt durch tägliche gemeinsame Kaffeerunden verbinden.

- Konzessionen austauschen:
  - Jede Seite gibt bei Punkten nach, die der anderen wichtig sind, nicht aber ihr.
  - Ein Streitpunkt wird aufgeschnürt (»fragmentiert«) und Teillösungen gefunden.
  - Eine Seite erhält für ihr Zugeständnis eine Kompensation.
    - spezifische Kompensation: Zwei Kollegen bewerben sich um einen freien Posten. Der eine erhält ihn, der andere zum Ausgleich einen erweiterten Aufgabenbereich.
    - gleichartige Kompensation: Ein Kollege verzichtet darauf, den Chef informell zu informieren, der andere darauf, gegen den Kollegen Stimmung zu machen.
    - Ersatzkompensation: Eine Sekretärin beschwert sich, dass sie häufig Überstunden machen muss. Der Chef bietet ihr ein monatliches Essen (mit ihrem Mann) in einem Spitzenrestaurant an.

- Die eigentlichen Anliegen zufriedenstellen:
  Hinter Forderungen stehen meist persönliche Anliegen (Wünsche, Befürchtungen), die, wenn man sie kennt, eher eine Lösung zulassen:
  - Wünsche: Zwei Kollegen streiten um die Projektleitung, der eine will sich nicht unterordnen, der andere erhofft sich Statusgewinn.
  - Befürchtungen: Der Vertrieb fordert strikte Terminhoheit aus Furcht, beim Kunden das Gesicht zu verlieren, die Produktion wünscht Mitsprache, um besser planen zu können.
  - die Übereinkunft gilt als Präzedenzfall: Ein Mitarbeiter darf eine Stunde später beginnen, um die Kinder zu versorgen, weil seine Frau ausgezogen ist. Die Ausnahme ist auf ein Jahr befristet.

Checkliste für den Problemlösungsprozess
1. Ist das Problem den Parteien klar und verständlich? 2. Sind die verschiedenen Definitionen des Problems erfasst? 3. Sind die sachlichen und persönlichen Anteile am Problem herausgearbeitet? 4. Nehmen sich die Parteien Zeit, die nötigen Informationen auszutauschen? 5. Sind die Anliegen der Parteien bekannt? 6. Sind die Parteien bereit, verschiedene Lösungen zu erwägen? 7. Verfolgen die Parteien beharrlich das Ziel, trotz unterschiedlicher Optionen eine für beide Seiten akzeptable Entscheidung herbeizuführen? 8. Stimmen die Präferenzen der Parteien in der Bewertung der Optionen überein? Wenn nicht, sind sie bereit, gegenseitige Zugeständnisse zu machen? 9. Kann eine Seite die andere für das Nachgeben mit Kompensationen entschädigen? 10. Tragen die Parteien die Entscheidung mit?

Phase E: Vereinbarung treffen

Die schließlich gefundene Einigung sollte (schriftlich oder vor Zeugen) fixiert werden, nicht als Ausdruck von Misstrauen, sondern als Schutz vor der eigenen Schwäche. Konfliktregelungen kommen unter Aufbieten des guten Willens beider Seiten zustande, ihn sollte man nicht überspannen. Eine verbindliche formelle Vereinbarung hat drei Vorteile:

- Sie ist persönlichem Belieben entzogen: Sie ist verlässlicher.
- Sie erübrigt Kontrollen: Die Beziehung ist nicht mit Misstrauen belastet.
- Sie ist als Regel persontranszendent verankert: Ihre Normativität ist gesichert.

Vereinbarungen und Regelungen werden eher eingehalten, wenn sie

- zentrale Interessen und Vorstellungen jeder Partei respektieren.
- auf ein gewisses Maß an Vertrauen unter den Parteien gründen.
- klar, eindeutig und widerspruchsfrei formuliert sind.
- auch anderen bekannt sind.

- die Pflichten jeder Seite, was sie zu tun oder zu lassen hat, festlegen.
- Sanktionen für Verletzungen vorsehen.
- das Einhalten mit einer effektiven und befriedigenden (Arbeits-) Beziehung belohnen.

Spiel 2 (siehe Anhang) bietet Gelegenheit, die kooperative Konfliktbewältigung einzuüben.

Phase F: Persönlich verarbeiten

Mit der vereinbarten Regelung endet der Konflikt auf der zwischenmenschlichen Ebene: Die Parteien können wieder störungsfrei handeln. Wie es aber im Inneren jeder Partei aussieht, ist eine andere Frage. Seelisch kann er durchaus noch nachschwingen, und zwar umso heftiger, je stärker er eine Person betroffen hat. Der Konflikt ist erst dann wirklich bewältigt, wenn er auch in der Person zum Abschluss gekommen ist. Das ist dann der Fall, wenn sie mit der getroffenen Vereinbarung leben und arbeiten kann. Und dies wiederum hängt davon ab, ob die Person den Konflikt in reifer Form verarbeitet (siehe Kap. 3.2.1). Einige vermögen schnell zu vergessen und gehen rasch zur Tagesordnung über, andere denken immer wieder darüber nach, grübeln, ob nicht eine noch bessere Lösung hätte gefunden werden können, und wieder andere stehen zu dieser Entscheidung, obwohl sie sich weiter daran reiben. Die innere Konfliktverarbeitung ist zugleich Folge und Ursache der Geschehnisse auf der zwischenmenschlichen Ebene. Wir sind wieder beim Ausgangspunkt angelangt, nämlich der inneren Konfliktbewältigung. Damit wird deutlich, dass die intra- und die interpersonale Bewältigung sequenzielle Phasen eines zyklischen Prozesses sind. Die Konfliktbewältigung beginnt intrapersonal, verläuft dann interpersonal und endet wieder intrapersonal (siehe Abb. 49). Nicht ausgeschlossen ist, dass der Konflikt wieder auflebt. Dann beginnt der Kreislauf von Neuem, allerdings auf einer anderen Ebene, weil die Situation nun schwieriger geworden ist.

Das Modell des kooperativen Konfliktgesprächs folgt der Annahme, Konflikte können bewältigt, aber nicht gelöst werden. Lösungen sind bei reinen Sachkonflikten möglich. Die alltäglichen Konflikte sind aber ein Wechselspiel sachlicher, emotionaler und normativer Elemente, die sich grundsätzlich nicht beseitigen (»lösen«), sondern immer nur in neuen Konfigurationen anordnen (»regeln«) lassen.

3.4.2 Die kontroverse Verhandlung

Ablauf und Elemente des kooperativen Konfliktgesprächs sind auch auf kontroverse Verhandlungen, der Interesse bezogenen Variante kooperativer Konfliktbewältigung, übertragbar. Ziel (integrativen) Verhandelns ist nach dem Harvard-Konzept (Roger Fisher u. a. 2001) eine gütliche Einigung, die

- auf fairem Weg erreicht wird,
- beide Seiten zufriedenstellt,
- von Dauer ist und
- die künftige Beziehung nicht gefährdet.

Die Verhandlungspartner müssen zwei jeweils polare Tendenzen flexibel zur Geltung bringen (Willem Mastenbroek 1992):

- gegeneinander kämpfen und miteinander kooperieren,
- Optionen flexibel erkunden und eigene Ziele beharrlich verfolgen.

Wie eine Partei diese Tendenzen konfiguriert, macht ihren Verhandlungsstil aus, dessen konstruktive Seite (+) unter Druck ihre destruktive Kehrseite (–) enthüllt.

	passiv abwarten	**aktiv** explorieren
kooperativ miteinander	+ **prinzipientreu** • betont gemeinsame Interessen • appelliert an Werte und Regeln • achtet auf Einhalten der Regeln – **unbeweglich** • beharrt auf seiner Forderung • unbeweglich, stur • »Prediger«, moralisiert	+ **konsensbereit** • locker, freundlich • flexibel, geschickt • will Ergebnis, das beiden nutzt – **harmonisierend** • gibt zu schnell nach • lässt sich einschüchtern • will Verhandlung rasch beenden
kompetitiv gegeneinander	+ **analytisch** • stützt sich auf Daten und Fakten • argumentiert logisch, stringent • wägt gründlich ab – **rechthaberisch** • fixiert sich auf Details • ignoriert Gefühle • ironisch, herablassend	+ **fordernd** • will ein Ergebnis • treibt die Dinge voran • nutzt jede Gelegenheit (aus) – **aggressiv** • macht Druck, greift an • will sich durchsetzen, gewinnen • droht mit Abbruch

Abb. 56: Verhandlungsstile – Typologie

Verhandlungen ähneln in ihrem Ablauf einem Tanz (»negotiation dance«, Howard Raiffa 2002, 112), in dem die Partner sich aufeinander zu und voneinander weg bewegen. Schritte und Bewegungen sind universell gleich, Abfolge und Rhythmus kulturell geformt (siehe Abb. 54). Eine erfolgreiche Verhandlung durchläuft vier Phasen, in denen jeweils kompetitive oder kooperative Strategien vorherrschen (Wendi Adair & Jeanne Brett 2005).

- **Phase 1: Stellung beziehen (kompetitiv):** Die Verhandlung beginnt, indem die Parteien sich positionieren, Forderungen stellen und emotional Druck machen. Sie pochen auf ihre Kompetenz, beschwören ihre Beziehung, appellieren an Werte und Grundsätze. Alle Verhandlungen beginnen mit diesem Stellungbeziehen. Doch rasch merken die Parteien, dass die Verhandlung scheitert, wenn sie so weitermachen. Sie müssen aufhören, einander die eigenen Forderungen einzureden, und den nächsten Schritt wagen, nämlich herauszufinden, was die Gegenseite will. Erfolgreiche Verhandlungspartner gleiten rascher in die nächste Phase.
- **Phase 2: Problem identifizieren (kooperativ):** Die Parteien wenden sich dem Problem zu, differenzieren die Streitpunkte, legen die Interessen offen und begründen ihre Präferenzen. Die Verhandlung wird sachlicher. Schaffen die Parteien nicht die Wende zum eigentlichen Zweck der Verhandlung, sich zu einigen, eskaliert der Konflikt und die Verhandlung scheitert.
- **Phase 3: Lösungen entwickeln (kompetitiv):** Die Dynamik der Verhandlungsbewegung treibt von sich aus zur nächsten Phase. Die Parteien wissen um ihre Präferenzen und Prioritäten, sie spüren auch, ob eine Einigung möglich ist. Nun tauschen sie Angebote aus, ringen aber immer noch miteinander, um möglichst viel für sich herauszuholen. Sie messen Angebote an ihren Zielen, Limits und Alternativen. Das Gespräch ist in dieser Phase dicht und bestimmt, doch eher rational, kreist um Fakten, Alternativen und Folgen.
- **Phase 4: Einigung erzielen (kooperativ):** Fast unbemerkt kommt die Verhandlung zum Abschluss (oder auch nicht). Die Alternativen sind reduziert, Angebote und Konzessionen folgen rasch aufeinander. Dieser letzte Tanzschritt signalisiert: wir sind informiert genug, um ein realistisches Angebote zu machen, und wir glauben daran, dass wir uns einigen werden.

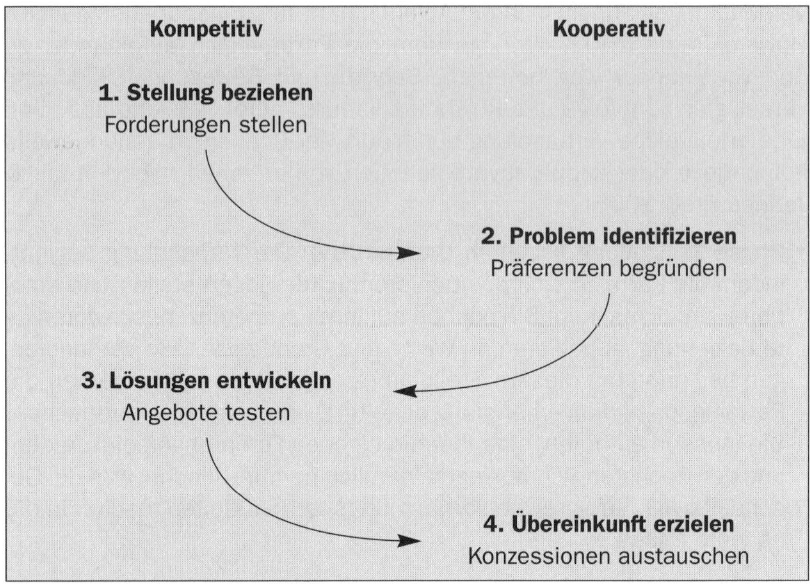

Abb. 57: Der Verhandlungstanz (nach Adair & Brett, 2005)

Der Verhandlungstanz beschreibt, wie erfolgreiche Partner das »Verhandlungsdilemma« meistern und eine Einigung erzielen. Das Bild kann besonders in kontroversen Verhandlungen als Orientierung dienen, kompetitive und kooperative Phasen elegant und zielstrebig zu variieren, also zu wissen, wann man eigene Forderungen stellen und zäh verfolgen und wann man Präferenzen erkunden und Konzessionen zu machen hat. Der Verhandlungstanz als Kernstück kontroversen Verhandelns sei abschließend in das Modell des kooperativen Konfliktgesprächs (siehe Abb. 49) integriert.

Checkliste für kontroverse Verhandlungen

1. **Erregung kontrollieren**
   - Auf körperliche Warnsignale achten
   - Reizworte kennen, die einen leicht auf die Palme bringen
   - Vorwürfe überhören und übergehen
   - Sich nicht zu Gegenattacken hinreißen lassen
   - Rolle und Person beim anderen unterscheiden
2. **Stellung beziehen**
   - Eigene Erwartungen klar formulieren
   - Forderungen mit Fakten belegen
   - Entgegenkommen honorieren
   - Emotionen zum Überreden kontrolliert einsetzen
   - Selber täuschungsfrei kommunizieren
   - Mit realistischen Vorschlägen entgegenkommen
   - Blößen der Gegenseite nicht ausnutzen, obwohl man es könnte
3. **Problem identifizieren**
   - Interessen und Präferenzen offenlegen
   - Aktiv zuhören und nachfragen
   - Zwischenergebnisse zusammenfassen und bestätigen lassen
   - Details beachten und registrieren (evtl. durch Notizen)
   - Tricks und Psychospiele durchschauen und beim Namen nennen
   - Humorvoll und locker reagieren
4. **Lösungen entwickeln**
   - Muss- und Wunschziele trennen
   - Optionen gemeinsam entwickeln und bewerten
   - Das Ziel, sich zu einigen, nicht aus den Augen verlieren
   - Gemeinsamen Nutzen eines Abschlusses immer wieder in Erinnerung rufen
   - Konsequenzen verdeutlichen, wenn man sich nicht einigt
5. **Übereinkunft erzielen**
   - Auch kleine Ergebnisse als Erfolg verbuchen
   - Aber auch: sich nicht vorschnell zufriedengeben
   - Über den eigenen Schatten springen (zurückstecken)
   - Vereinbarung klar und verständlich formulieren
   - Besprechen, was zu tun ist, wenn das Ergebnis zu Hause kritisiert wird
6. **Persönlich verarbeiten**
   - Die Vereinbarung innerlich bejahen
   - Evtl. Enttäuschung rasch wegstecken
   - Kein Ressentiment hegen
   - Zwischen Wunsch und Anspruch unterscheiden lernen

4 Mit Konflikten leben

Sozialwissenschaftliche Konfliktforschung atmet den Geist des westlichen Wissenschaftsoptimismus. In ihm lebt die technikfreundliche Haltung, man müsse »tools« beherrschen, um Konflikte zu lösen, d. h. beseitigen, kontrollieren, kurz: managen. Das gelingt für viele Konflikte in der Familie und Nachbarschaft, in Organisationen und zwischen ihnen. Religiöse, ethnische und zwischenstaatliche Konflikte sind mit dem sozialwissenschaftlichen Instrumentarium kaum zu fassen. Dies gilt auch für die persönlichen Konflikte. Das über ein Jahrhundert angesammelte psychologische Wissen hat zwar die Kenntnis innerer Konflikte bereichert, uns aber weder von ihnen freier noch gegen sie resistenter gemacht, wir bleiben das »konfliktträchtige« Wesen.

Konflikten gegenüber haben wir, wie eh und je, grundsätzlich drei Möglichkeiten: lösen, transformieren oder ertragen. Wir können sie beseitigen, aus der Welt schaffen, sie kehren nicht mehr wieder; wir können sie in der Substanz nicht aufheben, aber mit veränderter Sicht angehen, in Chancen wandeln, sie transformieren; oder schließlich, da wir weder das eine noch das andere vermögen, einsehen, dass wir lernen müssen, sie zu ertragen und mit ihnen zu leben.

Bis hierher haben wir, in gut sozialwissenschaftlicher Tradition, Ansätze und Methoden des Konfliktmanagements dargestellt, also die erste Möglichkeit, mit Konflikten umzugehen, ausdifferenziert, nämlich sie, einem lästigen Leiden ähnlich, aufzulösen oder wenigstens unter Kontrolle zu halten. Die beiden anderen Umgangsweisen sind methodisch weitaus schwieriger zu fassen, aber existenziell wahrscheinlich von größerem Gewicht. Abschließend seien ihnen einige Überlegungen gewidmet.

4.1 Konflikte transformieren

Konflikte erzeugen einen Lösungsdruck, sich von ihm zu befreien oder ihn zumindest zu mindern. Was wir als Druck erleben, ist aber kein rein physisches Phänomen, wie das Wort nahelegt. Sigmund Freud hat am Beispiel der Sublimierung die Möglichkeit aufgezeigt, körperlich drängendes Begehren in geistige Bahnen umzulenken und in schöpferische Leistungen umzuwandeln. Dem Konfliktdruck können wir geistig begegnen, indem wir Sichtweisen ausbilden oder öffnen, die uns befähigen, den erlebten Druck wie durch ein Prisma in vielfältige Reaktionsweisen auszudifferenzieren. Schon allein die Frage, was muss ich tun, umzuwandeln in die Frage, was könnte ich tun, eröffnet neue Optionen. Der Gedanke, aus Konflikten zu lernen, führt zu Sichtweisen, die uns beweglicher mit dem Druck umgehen lassen.

Zwölf Gründe, aus Konflikten zu lernen

1. Konflikte verweisen auf Probleme: Sie machen bewusst, dass etwas nicht glattläuft, Handlungsbedarf besteht, wir entscheiden müssen.
2. Konflikte drängen auf Veränderung: Sie signalisieren, dass etwas anders gemacht werden muss: eine Gewohnheit aufgeben, eine Einstellung ändern, eine Fähigkeit erweitern oder erwerben.
3. Konflikte machen Druck: Sie liefern die Energie, Hemmungen zu überwinden und brisante Themen anzupacken.
4. Konflikte vertiefen Beziehungen: Menschen gewinnen Verständnis füreinander, erfahren Prioritäten voneinander, durchleiden Belastungen miteinander.
5. Konflikte stärken den Zusammenhalt: Reibereien unaufgeregt beilegen, Zusammenstöße rasch entwirren, Ärger ohne Inszenierung ausdrücken zu können, festigt die Kooperation.
6. Konflikte bereichern: Sie durchbrechen die Routine des Alltags, machen Beziehungen farbiger, Gespräche lebhafter, Menschen individueller und persönlicher.
7. Konflikte wecken Interesse: Das Anderssein von Menschen und Ansichten verwundert, macht neugierig und reizt, sie und dadurch sich selbst besser kennenzulernen.
8. Konflikte fördern Kreativität: Divergierende Sichtweisen erweitern das Verständnis einer Situation und lassen neuartige Lösungen einfallen.
9. Konflikte vertiefen unsere Selbstkenntnis: Wir erkennen, was uns wirklich wichtig ist, wofür wir einstehen, wo wir Grenzen ziehen und an unsere Grenzen stoßen.

10. Konflikte verbessern Entscheidungen: Divergenzen zwingen, Optionen schärfer zu durchdenken, Chancen und Risiken begründet abzuwägen.
11. Konflikte formen uns zur Persönlichkeit: Haltungen und Gewohnheiten, Stil und Eigenheiten haben die lebenslange Auseinandersetzung mit Konflikten in uns ausgebildet.
12. Konflikte sind spannende Abenteuer, wenn sich alle an die Spielregeln halten. Riskante Sportarten, harte Wettkämpfe, waghalsige Überlebenstouren, – alles nur, um Spannung pur zu erleben. Konflikte bieten das jederzeit gratis.

Was ist mit festgefahrenen (chronischen) Konflikten?

Ein festgefahrener Konflikt ist auf paradoxe Weise komplex und einfach zugleich (Peter Coleman 2011, 218). Er ist komplex, weil er verschiedene Probleme miteinander verquickt und sich deshalb ständig ändert, so dass jede Diagnose unzulänglich und alle Lösungsansätze erfolglos bleiben. Er ist zugleich einfach, weil er unabhängig von Streitpunkten, Anlässen und Parteien ein eigenes System erzeugt, das sich selbst organisiert und am Leben hält. Forscher wie Peter Coleman schätzen, dass etwas fünf Prozent aller Konflikte so festgefahren sind, dass sie gegen alle Lösungsbemühungen immun sind.

Festgefahrene Konflikte sind Außenstehenden unverständlich. Sie widersprechen allem, was im Selbstinteresse von Menschen liegt. Sie verbrauchen vitale Ressourcen, vernichten wertvolles Kapital, treiben die Parteien in den Ruin. Warum halten sie sich dennoch? Weil sie offenbar zwei wichtige Funktionen erfüllen (ebd., 85). Sie bieten den Beteiligten eine kohärente Sicht, ein stimmiges Bild von sich und ihrer Beziehung. Und sie befähigen, rasch und entschieden zu handeln. Wer in einem unlösbaren Konflikt lebt, ist sich seiner Weltsicht sicher und weiß genau, wie er auf die Gegenseite zu reagieren hat. Er kann beim besten Willen nichts Positives an der Gegenseite finden und sieht keinerlei Anlass, sein Verhalten zu ändern – zwei untrügliche Zeichen, Partei eines festgefahrenen Konflikts zu sein.

Konflikte werden chronisch, wenn sie einen »sekundären Krankheitsgewinn« (Sigmund Freud) bieten, also einen Zweck erfüllen, der Außenstehenden oft verborgen bleibt. Beobachter neigen dazu, einen Konflikt logisch, nach Kosten und Nutzen zu taxieren. Ein festgefahrener Konflikt kann logischerweise nur Kosten einspielen. Die Beteiligten erfahren dagegen eine verborgene Genugtuung, die sie an ihm festhalten lässt. Sie werten den Konflikt nicht logisch, sondern psycho-logisch. Ihre ganz andere »Logik« macht eine Verständigung mit Außenstehenden (Beratern) nahezu unmöglich. Der Konflikt ist dauerhaft und daher unlösbar – quod erat demonstrandum. Was bleibt?

4.2 Konflikte ertragen

Empfehlungen zum richtigen Umgang mit Konflikten laufen meistens darauf hinaus, sie zu beseitigen und aus der Welt zu schaffen, wie ein Ungemach oder eine Krankheit. Experten in Sachen Konfliktberatung gründen ihr Geschäft auf das Versprechen, Kunden und Klienten von diesem lästigen Leiden zu befreien. Was aber, wenn das nur selten gelingt – aus der Natur der Sache heraus?

Zentrale und unser Leben prägende Konflikte scheinen eher dauerhaft, anhaltend, beständig zu sein. Warum? Weil die gegeneinander gerichteten Elemente – Werte, Ziele, Interessen, Menschen, Gruppen, Staaten, Institutionen – nicht einfach schwinden und aufhören. Solange sie aber als unvereinbar weiter existieren, speisen sie beständig das Spannungsfeld, aus dem die Konflikte sich entladen. Konflikte bleiben dauerhaft bestehen, nicht weil es an gekonnten Bemühungen fehlt, sondern weil die sie erzeugenden Widersprüche bestehen bleiben. Das persönliche Leben und das soziale Zusammenleben sind von Widersprüchen und Antagonismen durchwebt, Konflikte als deren zugespitzte Äußerungen sind unvermeidlich.

Was Konfliktbewältigung leisten kann, ist, die auffallenden, verletzenden und gewaltsamen Manifestationen zu bremsen, zu drosseln oder zu unterbinden. Das darf nicht zur Illusion verleiten, damit schon den Konflikt als solchen beseitigt zu haben, er ist vielmehr aufgehoben (im dreifachen Hegelschen Sinn: überwunden, aufbewahrt und erhöht). Der Spruch des Richters beendet die offene Auseinandersetzung streitender Parteien, beseitigt aber nicht den Widerspruch zwischen ihnen; die Ziele und Interessen verschwinden ja nicht. Konflikte in ihrer gewaltsamen Form zu unterbinden, befriedet, stiftet aber nicht den Frieden selbst. Mit der Entlassung aus dem Krankenhaus ist der Patient noch nicht gesund, vielleicht wird er es nie mehr. Freiheit vom Leid ist dem Menschen nicht beschieden, Freiheit von Beschwerden bleibt subjektive Interpretation. Es muss uns Menschen genügen, »wieder liebes- und arbeitsfähig« zu werden, wie Sigmund Freud meint. Mit Konflikten ist es ähnlich: Man kann, ja muss ihre extremen (gewalttätigen) Auswüchse bremsen oder beschneiden, verhindern kann man sie nicht. Menschen lernen auch mit Behinderung und trotz Krankheit zu leben. Sie können (und sollten) auch lernen, mit Konflikten zu leben. Wie soll das gelingen?

Geduld und Hoffnung sind die tragenden Spannungspole für den wahrhaft menschlichen Umgang mit Konflikten. So verständlich es ist, die Belastung und den Energieverschleiß von Konflikten beenden zu wollen und möglichst schnell eine Lösung zu finden, weil jede besser zu sein scheint als keine, so irrig ist es, die Lösung schon für die Entlastung zu halten. Wenn in zentralen Feldern (Familie, Arbeitsgruppe, Nachbarschaft) die Konfliktkonstellationen weiterbestehen, ist es sinnvoll, den Blick vom Konflikt auf uns selbst zu lenken. Wie schaffen wir es, trotz und im Angesicht konfliktgeladener Situationen klug zu entscheiden, tapfer zu handeln, frohgemut zu bleiben?

Geduld und Hoffnung sind Früchte einer Haltung, die der Einsicht in die paradoxe Eigenheit von Konflikten folgt: Der (sozialwissenschaftlichen) Maxime, es sei am besten, Konflikte frühzeitig aktiv anzugehen, steht die (Lebens)Erfahrung gegenüber, dass all unser Bemühen nie zur endgültigen Befriedigung führen wird. Zu handeln, »als ob« es dennoch gelinge, setzt nach dem Hl. Paulus einen starken Glauben voraus. Er ist die Kraft, die den Menschen befähigt, mit Ungewissheit zu leben. Die moderne pluralistische Gesellschaft lässt offen, woher Menschen diesen Glauben schöpfen, der für ihre Widerstandskraft und Belastbarkeit (resilience) gerade in Konflikten von fundamentaler (grundlegender) Bedeutung ist.

Die jüdisch-christliche Tradition kennt aus den Psalmen des Alten Testaments einen Weg, mit Konflikten authentisch zu leben, ohne sie je aufheben zu können. Die Psalmen breiten die Konflikte des Menschen in der ganzen Vielfalt ihrer Erscheinungsweisen aus. Und sie geben im »Konfliktgespräch mit Gott« (Bernd Janowski 2013) auch die Grundweise an, wie der Mensch die unausweichlichen Konflikte des Daseins durchleben und ertragen kann, ohne daran zu zerbrechen. Der Mensch klagt Gott seine Not, bittet ihn um Hilfe, dankt für sein Eingreifen und lobt seine Güte und Macht. In diesem Prozess des Betens und Meditierens geschieht erstaunliches: Klagen und Bitten wandeln sich in Dank und Lob.

Wie kommt es zu diesem »Stimmungsumschwung« (ebd., S. 75 ff.)? Er erfolgt nicht sofort, aber plötzlich. In den Psalmen sprechen Beter ihre Erfahrungen mit Gott aus, deren äußerst verdichtete Form am Ende eines langen, teilweise Monate oder Jahre dauernden Glaubensprozesses steht. Doch da passiert es plötzlich. Obwohl Konflikte, Not und Bedrohung anhalten, erfüllt den Beter auf einmal Zuversicht. Er klagt nicht mehr, sondern dankt Gott, dass er an ihm gehandelt hat, obwohl äußerlich nichts anders geworden ist. Illusion? Selbsttäuschung? Opium? Unwahrscheinlich. Denn ohne Zweifel erlebt der Beter einen Wandel seiner Befindlichkeit von »therapeutischer Qualität« (ebd. S. 84). Der Beter ist im Konflikt gelöst, in der Not getröstet, im Leid zuversichtlich.

Alle psychologischen Erklärungen bleiben unbefriedigend. Es scheint in der Tat das Geheimnis des Glaubens zu bleiben. Die Sozialwissenschaft muss hier innehalten und sich bescheiden, auf diese Lebensquelle respektvoll hinzuweisen, die allerdings nur dem unerschöpflich fließt, der den Glauben um seiner selbst willen sucht und nicht der (therapeutischen) Effekte willen.

Anhang

Spiel 1: Gefangenen-Dilemma[5]

In diesem Spiel muss jeder Spieler entscheiden, ob er riskiert, dem anderen zu vertrauen oder ihn übers Ohr zu hauen, weil er ihm misstraut. Das Spiel leitet sich aus der folgenden Situation ab.

Die Polizei nimmt zwei verdächtige Personen fest und bringt sie getrennt in Gewahrsam. Der Untersuchungsrichter ist fest überzeugt, dass die beiden eines schweren Verbrechens schuldig sind, aber er hat keine eindeutigen Beweise. So schildert er den Häftlingen die Alternativen, vor denen sie stehen: zu gestehen oder nicht zu gestehen. Wenn sie beide nicht gestehen, dann wird der Staatsanwalt versuchen, sie wegen einiger kleinerer, erwiesener Vergehen (z. B. unerlaubten Waffenbesitzes) zu einer Strafe von höchstens zwei Jahren verurteilen zu lassen. Gestehen aber beide, dann wird ihnen das Gericht dies als mildernde Tatbestände anrechnen, sie können damit rechnen, mit fünf Jahren davonzukommen. Gesteht einer, der andere aber nicht, so geht der Geständige als Kronzeuge straffrei aus, während der andere, der nicht gesteht, die Höchststrafe von zehn Jahren erhält. – Die Spielsituation lässt sich in einer Matrix abbilden.

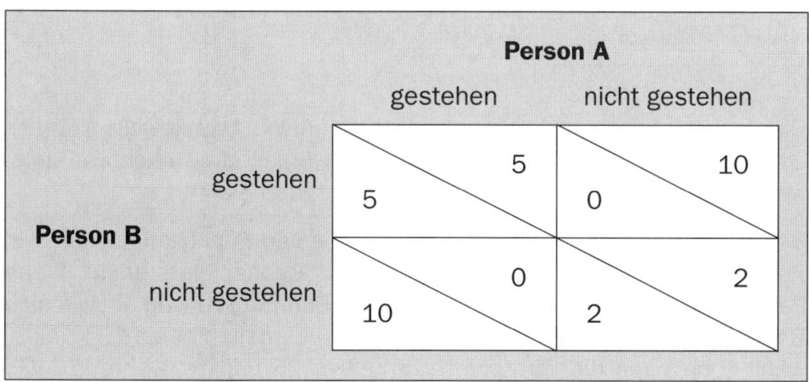

Abb. 58: Matrix zum Spiel 1

[5] Nach David W. Johnson, Reaching out. International effectiveness and self-actualization, Prentice-Hall International, Englewood Cliffs, London 1972, S. 49–51 und 237.

Keiner der Gefangenen weiß, wie der andere sich entscheidet. Aber in die Entscheidung eines jeden fließen Vermutungen und Erwartungen ein, wie sich wohl der andere entscheiden wird. Am günstigsten kämen beide weg, wenn sie schwiegen. Aber derjenige, der schweigt, geht das Risiko ein, dass der andere vielleicht doch redet; er bekäme die Höchststrafe, während der andere die Freiheit genießen darf. Am sichersten wäre es zu reden, aber dafür ist die zu erwartende Strafe von fünf Jahren, wenn beide gestehen, schon beträchtlich. Beide kommen nur dann relativ günstig weg, wenn einer sich auf den anderen verlassen kann.

Das Gefangenen-Dilemma lässt sich in einem Spiel erleben. Dazu soll die folgende Matrix dienen.

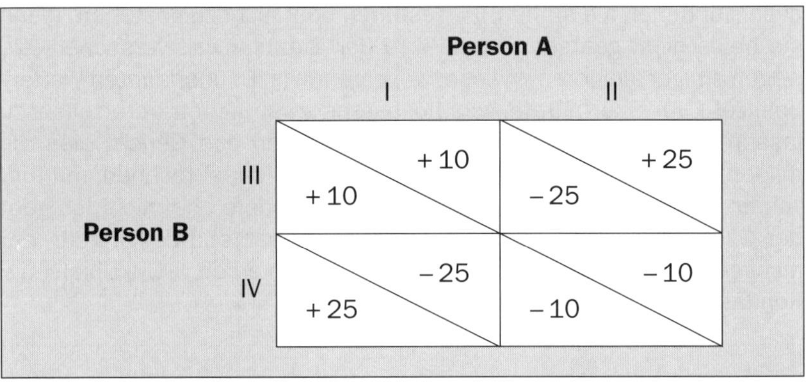

Abb. 59: Matrix mit Punktwertung

Die Zahlen in der Matrix bedeuten Punkte (im Wert von jeweils 1 Cent). Das Spiel umfasst 20 Spielzüge; danach werden die erreichten Punktwerte zusammengezählt und der Sieger ermittelt.

Bei jedem Spielzug erhält ein Spieler diejenige Punktzahl, die sich in Kombination mit der Entscheidung seines Gegenspielers ergibt. Wenn Person A die Alternative 1 wählt, hängt ihr Punktwert davon ab, wie sich B entscheidet. Wählt B die Strategie III, dann erhalten beide 10 Punkte, wählt B dagegen die Strategie IV, erhält er 25 Punkte, während A 25 Punkte verliert. Wenn A die Alternative II wählt, dann kriegt er 25 Punkte, wenn B die III wählt (B verliert in diesem Fall 25 Punkte), und verliert 10 Punkte, wenn B die IV wählt (B verliert dann ebenfalls 10 Punkte).

Ergebnisblatt zu Spiel 1						
	Ihre Wahl	Wahl des anderen	Ihr Gewinn/ Verlust	Ihr Ergebnis	Gewinn/Verlust des anderen	Sein Ergebnis
1.						
2.						
3.						
4.						
5.						
6.						
7.						
8.						
9.						
10.						
11.						
20.						

Um sicher zu gehen, dass das Spiel verstanden ist, beantworten Sie die folgenden Fragen:

1. Wenn B die III wählt und A die I, dann erhält A ... Punkte und B ... Punkte.
2. Wenn B die III wählt und A die II, dann erhält A ... Punkte und B ... Punkte.
3. Wenn B die IV wählt und A die I, dann erhält A ... Punkte und B ... Punkte.
4. Wenn B die IV wählt und A die II, dann erhält A ... Punkte und B ... Punkte.

Wenn das Spiel verstanden ist, kann es losgehen. Ziel ist, zu erfahren, wie Vertrauen hergestellt und aufrechterhalten werden kann.

Spielanleitung

1. Zwei Spieler setzen sich so, dass sie einander den Rücken zukehren. Jeder hat vor sich eine Spielmatrix, Zettel, Bleistift und ein Ergebnisblatt (siehe S. 135). Ein Spieler gilt als Person A, der andere als Person B.
2. Ein Spiel wird auf 20 Spielzüge festgelegt. Nach jeweils fünf Spielzügen wechselt das Einsatzkommando. Der Würfel entscheidet, wer beginnt.
3. Auf den Zuruf »fertig« schreibt jeder Spieler seine Wahl auf einen Zettel: A kann sich für I oder II, B für III oder IV entscheiden. Jeder reicht seine niedergeschriebene Entscheidung über die Schulter dem anderen zu. Beide tragen dann, ohne zu sprechen, das Punktergebnis im Ergebnisblatt ein.
4. Nach zehn Spielzügen wird das Spiel unterbrochen. Die Spieler haben die Gelegenheit, miteinander zu reden. Sie können besprechen, wie sie sich weiter verhalten sollen.
5. Die nächsten zehn Spielzüge werden wie die ersten ausgetragen.
6. Nach dem 20. Spielzug ist das Spiel zu Ende, es wird Bilanz gezogen. Jeder Spieler errechnet seinen Gewinn oder Verlust.
7. Die Spieler sollen anschließend folgende Fragen in kleinen Gruppen diskutieren:
   a) Wie haben sie sich während des Spiels gefühlt? Wie haben sie die Entscheidungen ihres Spielpartners aufgenommen?

b) Wie lässt sich ihr Verhalten und das ihres Partners beschreiben?
c) Haben sie dem anderen vertraut? Ab welchem Spielzug?
d) Kam Missbrauch des Vertrauens vor? Bei wem? Wie war die Reaktion? Wie ging es danach weiter?
e) Hatte die Möglichkeit, mitten im Spiel Absprachen treffen zu können, Auswirkungen? Welche?
f) Welche Folgerungen ergeben sich daraus für die Vertrauensbildung in der Wirklichkeit?

Spiel 2: Kooperative Konfliktbewältigung[6]

Rollenspiel

Situation: Angelika und Richard sind wissenschaftliche Mitarbeiter einer Forschungsorganisation. Ursprünglich war der Direktor selbst Projektleiter, und Angelika arbeitete eine Weile mit, als der Direktor Richard als Mitarbeiter hinzuzog. Angelika war strikt dagegen, weil sie Richard die Kompetenz für dieses Projekt absprach.

Als der Direktor nach einiger Zeit entlastet werden wollte, schlug er vor, dass Richard und Angelika das Projekt gemeinsam leiten sollten. Angelika stimmte nur widerstrebend zu, unter dem Vorbehalt, dass sie Richard nicht unterstellt werde. Der Direktor war einverstanden.

Im Laufe der nächsten Wochen musste Angelika feststellen, dass sich Richard offensichtlich nicht an die Abmachungen hielt. Nach außen hin benahm er sich so, als ob er alleiniger Leiter des Projekts wäre. Angelika wollte das nicht hinnehmen. Beide vereinbarten ein Gespräch, um diesen Konflikt zu lösen.

Rollenanweisung für Richard: Er denkt, dass Angelika viel zu viel Wert auf Status und Formalitäten legt. Wenn er als Projektleiter unterschreibt oder eine Besprechung einberuft, heißt das noch lange nicht, dass er sich als der eigentliche Projektleiter ausgeben will.

Angelika arbeitet noch an weiteren Projekten mit, weshalb sie, wie er glaubt, wenig daran interessiert ist, wie ihr gerneinsames Projekt vorankommt. Wenn er dann die Initiative übernimmt, reagiert sie sofort

[6] Nach David W. Johnson & Frank P. Johnson, Joining together. Group therory and group skills, Prentice-Hall, Englewood Cliffs, London 1975, S. 426.

gereizt, weil sie darin den Versuch erblickt, dass er die Projektleitung ganz an sich ziehen will.

Rollenanweisung für Angelika: Sie glaubt, dass Richard sie nicht wirklich als gleichberechtigte Projektleiterin anerkennt. Dies zeigt sich sehr deutlich, als Richard eine Besprechung der Projektgruppe einberief, ohne sie zu Rate zu ziehen. Kurz vorher teilte er ihr mit, dass eine Besprechung angesetzt sei und sie unbedingt daran teilnehmen müsse. In der Besprechung ließ dann Richard jeden einzelnen Mitarbeiter über den Stand seiner Arbeit berichten. Er bat auch sie um ihren Beitrag, als sei sie einfach ein Mitglied der Gruppe und nicht selbst Projektleiterin. Dies hat sie sehr verletzt. Außerdem erfährt sie, dass er Briefe mit »Projektleiter« unterschreibt. Aus all dem ist für sie offenkundig, dass Richard die Projektleitung für sich allein beansprucht.

Ziel: Die Rollenspieler sollen versuchen, in diesem Gespräch nach dem 6-Phasen-Modell kooperativer Konfliktbewältigung vorzugehen und anschließend das Ergebnis zu diskutieren.

Literaturverzeichnis

*** = zur Vertiefung**

Adair, W. L./Brett, J. M.: The negotiation dance: time, culture, and behavioral sequences in negotiation. In: Organization Science 16/2005, S. 33–51

Axelrod, R.: Die Evolution der Kooperation, München 1987

Berkel, B.: Konflikt als Motor europäischer Öffentlichkeit, Wiesbaden 2006

Berkel, G.: Learning to negotiate, Cambridge, 2021

Berkel, G.: IU Studienskript Mediation und Facilitation, Erfurt, 2024 (I)

Berkel, G.: IU Studienskript B2B Mediation, Erfurt, 2024 (II)

Berkel, H.-G.: Father to Son. The mediation of family firm succession conflict, Köln 2007

* Berkel, K.: Konfliktforschung und Konfliktbewältigung. Ein organisations-psychologischer Ansatz, Berlin 1984

Berkel, K.: Wertkonflikte als Drama – Reflektion statt Training. In: Wirtschaftspsychologie, 7/1, 2005, S. 62–70

Berkel, K.: Führungsethik. Die reflexive Seite des Führens. Orientierung und Ermutigung. 2. Aufl., Hamburg 2013

Blickle, G.: Kommunikation im Management. Argumentationsintegrität als personal- und organisationspsychologisches Leitkonzept, Stuttgart 1994

Brambilla, M. u. a.: Looking for honesty: The primary role of morality (vs. sociability and competence) in information gathering. In: European Journal of Social Psychology, 2011, 41, 135–143

Brandstädter, J.: Hartnäckige Zielverfolgung und flexible Zielanpassung als Entwicklungsressourcen: Das Modell assimilativer und akkommodativer Prozesse. In: J. Brandstädter & U. Lindenberger (Hrsg.): Entwicklungspsychologe der Lebensspanne. Ein Lehrbuch, Stuttgart 2007, 413–445

Bruckmüller, S./Abele, A. E.: The density of the big two: How are agency and communion structurally represented? In: Social Psychology, 2013, 13, 63–74

Coleman, P. T.: The five percent. Finding solutions to seemingly impossible conflicts, New York 2011

Collins, J.: Immer erfolgreich. Die Strategien der Top-Unternehmen, München 2003

Comte-Sponville, A.: Ermutigung zum unzeitgemäßen Leben. Ein kleines Brevier der Tugenden und Werte, Reinbek bei Hamburg 1996

Crisand, E.: Methodik der Konfliktlösung. Eine Handlungsanleitung mit Fallbeispielen, 4. Aufl., Hamburg 2010

Deutsch, M.: Equity, equality, and need: What determines which value will be used as the basis of distributive justice? In: The Journal of Social Issues, 31, 1975, 137–149

Deutsch, M.: Konfliktregelung. Konstruktive und destruktive Prozesse, München/Basel 1976

* Deutsch, M./Coleman, P. T./Marcus, E. C.: The handbook of conflict resolution. Theory and practice, San Francisco 2000

Dignath, D.: Conflict Management, Diss. Würzburg 2014

Ferris, D. L. et al.: An approach-avoidance framework of workplace aggression. In: Academy of Management Journal, 2016, 59, 1777–1800

* Fisher, R./Ury, W./Patton, B.: Das Harvard-Konzept: Sachgerecht verhandeln – erfolgreich verhandeln, 22. Aufl., Frankfurt 2004

Forester, J.: Dealing with differences, Oxford 2009

Gebert, D.: Führung und Innovation, Stuttgart 2002

* Glasl, F.: Konfliktmanagement. Ein Handbuch zur Diagnose und Behandlung von Konflikten für Organisationen und ihre Berater, 8. Aufl., Bern/Stuttgart 2006

Herzberg, Ph.Y. & Sierau, S.: Das Konfliktlösungsstil-Inventar für Paare (KSIP). In: Diagnostica, 56, 2010, 94–107

* Hugo-Becker, A./Becker, H.: Psychologisches Konfliktmanagement. Menschenkenntnis, Konfliktfähigkeit, Kooperation, 4. Aufl., München 2004

Koopman, J. et al.: Integrating the brigth and dark sides of OCB: A daily investigation of the benefits and costs of helping others. In: Academy of Management Journal, 2016, 59, 414–435

Luckner, A.: Klugheit, Berlin 2005

Mahlmann, R.: Konflikte managen. Psychologische Grundlagen, Modell und Fallstudien, Weinheim und Basel 2000

Mastenbroek, W.: Verhandeln. Strategie – Taktik – Technik, Frankfurt/Wiesbaden 1992

Mischo, C. et al.: Konzeption und Evaluation eines Trainings zum Umgang mit unfairem Argumentieren in Organisationen. In: Zeitschrift für Arbeits- und Organisationspsychologie, 46 (N. F. 20) 3, 2002, 150–158.

Montada, L./Kals, E.: Mediation. Psychologische Grundlagen und Perspektiven. 3. Aufl., Weinheim 2013

Neuberger, O.: Führen und führen lassen. Ansätze, Ergebnisse und Kritik der Führungsforschung, 6. Aufl., Stuttgart 2002

Peters, A. et al.: Konflikte zwischen Privat- und Berufsleben bei Führungskräften. Segmentierung der privaten Lebensbereiche von der Arbeit als eine Ressource? In: Zeitschrift für Arbeits- und Organisationspsychologie, 58, 2014, 64–79

Pikas, A.: Rationale Konfliktlösung, Heidelberg 1974

Pruitt, D. G./Carnevale, P. J.: Negotiation in social conflict, Buckingham 1993

Rabe, C./Wode, M.: Mediation: Grundlagen, Methoden, rechtlicher Rahmen, 2. Aufl., Berlin 2020

Rapoport, A.: Kämpfe, Spiele und Debatten. Drei Konfliktmodelle (engl. 1960), Darmstadt 1976

* Redlich, A.: Konfliktmoderation mit Gruppen, 8. Aufl., Hamburg 2019

Regnet, E.: Konflikte in Organisationen. Formen, Funktion und Bewältigung, 2. Aufl., Göttingen/Stuttgart 2001

* Regnet, E.: Konflikt und Kooperation. Konflikthandhabung in Führungs- und Teamsituationen, Göttingen 2007

Risse, J.: Wirtschaftsmediation, 2. Aufl., München 2022

* Rüttinger, B./Sauer. J.: Konflikt und Konfliktlösen. Kritische Situationen erkennen und bewältigen, 3. Aufl., Leonberg 2000

Scheffer, D.: Implizite Motive. Entwicklung, Struktur und Messung. Göttingen 2005

Schinagl, G.: Anti-Stress-Training. Autogenes Training mit Yoga und Meditation, 5. Aufl., Hamburg 2016

Schulz v. Thun, F.: Miteinander reden 1, Reinbek bei Hamburg 1992

* Schwarz, G.: Konfliktmanagement. Konflikte erkennen, analysieren, lösen, 7. Aufl., Wiesbaden 2005

Stroebe, A./Stroebe, R. W.: Besprechungen gestalten, 10. Aufl., Hamburg 2024

Stroebe, A./Stroebe, R. W.: Grundlagen der Führung, mit Führungsmodellen, 16. Aufl., Hamburg 2024

Susskind, L. et al.: Teaching about the mediation of values-based and identitiy-based disputes. In: Programm on negotiation at Harvard Law School, 2009

Thomae, H.: Konflikt, Entscheidung, Verantwortung. Ein Beitrag zur Psychologie der Entscheidung, Stuttgart 1974

Wheeler, M.: The Art of Negotiation: How to Improvise Agreement in a Chaotic World, New York 2013

Stichwortverzeichnis

Ambivalenz 17
Angst 9, 128 ff.
Annäherungs-Annäherungs-Konflikt 15
Annäherungs-Vermeidungs-Konflikt 16 f.
Ärger 9, 128 ff.
Argumentationsmuster 94
Assimilation-Akkommodation 83 f.
Attackieren 9, 61 f.
Aushandeln (s. Konfliktstil)

Beziehungskonflikt 22, 93 ff.

Debatte 67 f.
Demut 96
Dilemma 97 f.
Dreier-/Dreieckskonflikt 20

Einstellung 10, 36 ff., 145 ff.
Emotion (s. Gefühl)
Entscheidungskonflikt 81 f.
Entscheidungstheorie 24 ff.
Eskalation 65 ff.

Fairness (s. Gerechtigkeit)
Flucht 9 f., 128 f.
Führung 21, 88, 99, 102 ff., 113 ff.

Gefangenendilemma 39, 165 ff.
Gefühl 9 f., 36 ff., 128 ff.
Gefühlsrichtung 36 ff.
Gerechtigkeit 76 f.
Großmut 96
Gruppenkonflikt 20

Handlungsfähigkeit 12 ff.
Humor 134 ff.

Innerer Konflikt (s. Seelischer Konflikt)
Integrieren (s. Konfliktstil)

Kampf 65 ff., 114
Kämpfen (s. Konfliktstil)
Kommunikation 19 ff., 121 ff.
Kommunikationsmodell 19
Kommunikationsmuster 140 f.
Kompromiss (s. Konfliktstil)
Konflikt 9 ff., 159 ff.
Konflikt, heiß – kalt 54 f.
Konflikt, lebensphasenspezifisch 26 f.
Konfliktanalyse 29 ff., 43 ff.
Konfliktart 22
Konfliktbewältigung 10, 13,17, 73 ff.
Konfliktbewältigung, ethische Bewertung 76 ff.
Konfliktbewältigung, Formen 79 ff.
Konfliktbewältigung, kooperative 125 ff., 169 ff.
Konfliktbewältigung, organisatorische 89 ff.
Konfliktbewältigung, seelische 80 ff.
Konfliktdefinition 11
Konfliktdiagnose 44 ff., 49 f.
Konflikteinstellung 9, 48, 52
Konfliktepisode 43 f.
Konfliktergebnis/-folgen 70 f.
Konfliktfähigkeit 72 ff.
Konfliktform 54 ff.
Konfliktfunktionen 13 f.
Konfliktgespräch 126 ff.
Konfliktinterview 46 ff.

Konfliktlösung 49, 62 f., 70
Konfliktmanagement, formelles 113 ff.
Konfliktmanagement, strukturelles 108 ff.
Konfliktmanagement, thematisches 90 ff.
Konfliktmoderation (s. Konfliktregelung)
Konfliktpartei 47 f., 52 ff.
Konfliktperspektive 29 f.
Konfliktpotenzial 40 f.
Konfliktprophylaxe 108 ff.
Konfliktprozess 44, 50 ff.
Konfliktregelung 113 ff.
Konfliktstil 10, 57 ff.
Konfliktstimulierung 109 ff.
Konfliktstrategie 54 f.
Konfliktsyndrom 64 ff.
Konfliktursachen 42
Konfliktverlauf 47, 65
Konfliktverständnis 9
Konfrontieren 60 f.
Kontroverse 92 f.
Kooperation 39

Mediation 117
Mut 90, 136

Nachgeben (s. Konfliktstil)

OCB 105 f.
Organisation 40
Organisationsklima 50 ff.
Organisatorischer Konflikt 21 ff., 40 ff.
Organisatorische Zuordnung 53
Orientierung 12

Paarkonflikt 18 f., 62 ff.
Pokerstrategie (s. Konfliktstrategie)
Problemlösung 148 ff.
Problemlösungsstrategie (s. Konfliktstrategie)
Prozesskontrolle 60 f.

Rollenkonflikt 86 ff.

Sachkonflikt 22, 91 ff.
Seelischer Konflikt 15 ff., 23 ff.
Sozialer Konflikt 18 ff., 31 ff.
Spiel 67 f.
Streitpunkt 45 ff., 50 ff.

Teufelskreis 69
Tiefenpsychologie 24 ff.
Tit-for-Tat 39

Unternehmensübergabe 88 f.

Verantwortung 88
Vereinbarung 152 f.
Verfahrensfragen 103
Verhandeln 154 ff.
Verhandlungsstil 154 f.
Verhalten 10 f., 38 f.
Verhaltenstheorie 25, 28 f.
Vermeiden (s. Konfliktstil)
Vermeidungs-Vermeidungs-Konflikt 16
Vertrauen 140 ff.

Wahrnehmung 10, 31 ff.
Wertequadrat 98 f.
Wertkonflikt 23, 96 ff.
Widerstand 60 f.

Zweier-Konflikt 18 f.

Über den Autor

Karl Berkel

Prof. Dr. Karl Berkel, Dipl. Theol. und Dipl. Psych., apl. Professor für Psychologie an der Universität München. Seit 1987 selbstständig tätig als Trainer und Berater, Mitglied im Kuratorium des Beratungsdienstes für kirchliche Berufe (München). Schwerpunkte liegen auf Führung und Management, Führungsethik und Konfliktbewältigung, persönlicher Begleitung bei Veränderungen in Institutionen. Dies in Zusammenarbeit mit Unternehmen und nichtwirtschaftlichen Organisationen (Diözesen, Klöster, Kliniken, öffentlicher Dienst). Zu den Schwerpunkten eine Reihe einschlägiger Veröffentlichungen, u. a. in der »Grünen Reihe«.